いぬと話す ねこと話す

生きものの気持ちがわかる本

アニマルコミュニケーター
Shiori

自由国民社

はじめに

動物と繋がれば、あなたの人生は好転する

＊本書では伴侶動物のことを「ペット」と表記しています。

おうちでイヌやネコを可愛がっている方にお尋ねします。
あなたは、**ペットたちときちんと意思疎通ができていますか？**

イヌやネコが、ワンワン、ニャーニャーと鳴いているとき、
彼らが訴えていることを理解して、きちんと対応できていますか？

「ペットは家族の一員」と思う方なら、もちろん！　と胸を張るかもしれませんが、

「お腹がすいた」と訴えるイヌを「お散歩したいのね」と外に連れ出そうとしても、
「一緒に遊んで！」とすり寄るネコに「のどが渇いたのね」と水を差し出しても、
鳴き声はなかなか止まない……そんな経験はないでしょうか？

「そう言われると、ちょっと自信がないなぁ」という方もいらっしゃると思います。
そんな方のためにお届けしたいのがこの本です。
誰でも動物と話せるようになる本です。

誰でも動物と話ができる？
そんなバカな！　信じられない！　ドリトル先生じゃあるまいし。

でも、練習さえすれば誰でも動物と話せるようになれるんです。

その秘訣は「テレパシー」です。

テレパシーを使えるようになれば、どんな動物とも話ができるようになります。
ペットだけでなく、生命あるすべての生き物と話せます。

テレパシーは超能力ではありません。
一般的に言われる「虫の知らせ」です。
誰もが日常生活の中で使っている能力です。

私たち人間は、「言語」というツールを使うようになるまでは、
誰もがテレパシーを使って相手とコミュニケーションをとっていました。
ところが、時代の進歩とともに送受信のアンテナは退化してしまい、
いまや地に埋もれている状態です。

その埋もれてしまったアンテナを掘り起こし、磨いて、
こびりついた錆を取ってあげれば、テレパシーを再び使えるようになります。

「動物と話をするなんて、特殊能力を持った人だけでしょう?」

私も自分が体験するまではそう思っていました。

実際、著名なアニマルコミュニケーターの方々は、生まれつきテレパシー能力を持ち合わせているか、突然ある日、動物と話せるようになった人がほとんどですから。

でも、彼らは当たり前のように動物と話せるので、「どうやったら動物と話せるようになるのか?」について、スキルとして他人に教えることができません。

私は、今も昔も特殊能力なんか持ち合わせていません。

幼少の頃から、実家でイヌやネコ、カメや小鳥は飼っていたものの、話をしたことなど一度もありません。

中学生の頃からキャビンアテンダントに憧れ、
10年間、国内外の航空会社の採用試験を受け続けるような（全部落ちましたが）、
どちらかと言うとミーハーな子どもでした。
大学卒業後も大手通信会社の営業職として16年間勤め、
自立したカッコいい「キャリアウーマン」を目指していました。

と同時に、両親や職場環境の影響もあり、それまでの40数年間は、
目に見えるもの、説明がつくもの、数字で証明できるものだけを信じてきました。

そんな超現実的な人生を歩んできた私がなぜ、動物と話せるようになったのか？

きっかけは、自分の価値も生きる目的も見失ったままハワイに移住した1年後。
たまたまフェイスブックで見つけた
アニマルコミュニケーションのワークショップ
に参加したことでした。

ただ初日は、受講生43人中、私だけが動物からのメッセージを何も受け取れず、完全な「劣等生」スタートでした。

それでも、2日後には動物と繋がって話ができるようになり、4カ月後には「プロ養成コース」に進級し、在学中にも関わらず、3か月後には米国で、アニマルコミュニケーターとして独立していました。

動物と話すために必要なことは、
動物との話し方を学び、練習と答え合わせを繰り返す。
それだけです。他の外国語を習得するのと同じなのです。

私たちは、中学から（最近は小学生から）英語を学び始め、10年近く勉強し続けるにも関わらず、英語を流暢に話せる人はごくわずか。

それに比べて動物と話すことはとても簡単です。
その動物の性格や好きなもの、キライなもの程度なら、初めての方でもその場で聞き取れるようになります。

基本的な会話は3か月も練習すれば十分です。

ペットの飼い主さんからの相談でいちばん多いのは、「この子は、我が家にやって来て幸せなんでしょうか？」です。

毎日一緒に過ごし、**ペットは全身で幸せを飼い主に伝えているのに、**飼い主の多くは自分に自信が持てず、幸せを実感できずにいるのです。
なんてもったいないことでしょう！

そんな相談を受けると、私はまずペットに聞いてみます。

「どんなことをしている時がいちばん幸せなの？」

「飼い主さんのどんなところが好きなの？」

そして続けて、飼い主さんが疑問に思っていることすべてを聞き出します。


「同居している犬（猫）のことをどう思ってる？」

「急におしっこを失敗するようになったのはなぜ？」

「お留守番の時は何してるの？」

「最近、ご飯を食べないそうだけど、何だったら食べられる？」

「飼い主さんに何かしてほしいことはある？」

そうやってペットから聞き出したことを伝えると、
みなさん、「ああ、そういうことだったの！」と一様に納得してくれます。
「そんなに私のことを思ってくれていたのね！」と幸せ気分にもなります。

でも、飼い主さん自身がテレパシーを使えるようになれば、

アニマルコミュニケーターの力を借りなくても、
すぐにペットの気持ちが理解でき、問題もあっという間に解決するはずです。

しかも、テレパシーで動物と話せるようになると、こんなこともできます。

- **具合が悪いペットの体調や気持ちを確認できる**
- **亡くなったペットからメッセージをもらえる**
- **迷子になったペットの居場所がわかる**
- **ペットの今世での使命を教えてもらえる**
- **ペットの過去世と自分との繋がりを見せてもらえる**

それだけでもすごいのですが、最終的には、
飼い主さん自身の人生にもいい影響をもたらすのです。

私が運営するアニマルコミュニケーションのスクールでは、

初級クラスで「動物との繋がり方、話し方」を学んだ後、
中級クラスでは3カ月間、徹底的に動物と話してもらうようにしています。
そして、ほとんどの生徒さんが中級クラスの途中から

人生が好転し始めるのです。

今までとはまったく違うジャンルの仕事を始めたり、
親に対する怒りの感情がいつの間にか消えたり、
結婚が決まったり、
長年抱えていたトラウマを克服したり……。

そして中級クラスが終了するころには、全員が、
自分に自信が持てるようになります。

なぜ、動物と話すことで人生が好転するのでしょうか?
詳しくは本章でご説明しますが、次の3つのことを動物から学ぶからです。

- **直感力が増し、自分がすべきことを自覚する**
- **「無償の愛」「慈悲の心」を体感する**
- **「現在（いま）を生きる」ことの大切さを知る**

すなわち、過去の後悔や未来への不安から解放され、
本来あるべき自分の人生を生きられるようになるのです。

動物は、私たちに**「本当の幸せ」**を教え、体感させてくれます。
そして、一度体感した感覚は一生忘れることがありません。

これが、「テレパシーによるコミュニケーション」の特徴です。
さあ、あなたも、動物と話してみましょう！
想像以上の楽しい世界が待っています。
２０１９年12月

Shiori

目次

第1章
誰でも簡単に動物と話ができる

動物と話すのに特殊能力はいらない

「Shiori さんは子供のころから動物と話せたんでしょう?」

「Shiori さんだから話せるんでしょう?」

「Shiori さんは生まれつき特殊能力を持っているんでしょう?」

これまで何度も何度も、同じことを質問されました。

でも、答えはいずれも「NO!」です。

私には今も昔も特殊能力はありません。幽霊も予知夢も見たことがありません。


みなさん**「動物と話すなんて無理」**って思ってるんですよね。よくわかります。

私もそう思っていました、自分が実際に動物と話せるようになるまでは……。

たしかに、TVや雑誌に登場する著名なアニマルコミュニケーターの方々は、生まれつき動物と話ができたり、「ある日突然、動物の声が理解できるようになった」という人が多いのです。

でも私は、生まれつき特殊能力を持たない、普通の会社員でした。

その私が、ここで宣言します。

動物と話すことに、特殊能力は必要ありません。

動物との繋がり方、話し方、切り方をしっかりと学び、練習と答え合わせを繰り返していけば、誰でも動物と話せるようになります。

「アニマルコミュニケーションって何ですか？」と訊かれた時、私は次のように答えます。

「**アニマルコミュニケーション語という一つの外国語**です」

一般の外国語なら、単語や文法を学んで会話の練習を続ければ、ある程度は話せるようになるでしょう？

それと同じで、**学んで、練習すれば誰でも動物と話せるようになります。**

でも、みなさん、こんな経験はありませんか？

新しい外国語を学ぼう！　と意を決したものの、勉強する時間がない、覚えることが多すぎて挫折してしまった……。

そんなあなたに朗報です！

四十数年の人生で、英語、中国語、スペイン語、フランス語を習得しようと何度も試みて失敗した私だから言えます。

アニマルコミュニケーションは、どの外国語よりも簡単で、短期間で、誰でも習得できる言語です！

なぜなら、新しい単語も、難しい文法も覚えなくていいから！

ただし、アニマルコミュニケーションと他の外国語では、大きな違いが一つだけあります。

それは、アニマルコミュニケーションは言語ではなく、**「テレパシー」を使ってコミュニケーションする**ということです。

テレパシーは誰でも使っている

「テレパシー」と聞いて、「やっぱり特殊能力が必要なんだ！」と思いましたか？

でも、テレパシーは超能力でも特殊能力でもありません。

私たちが普段の生活で「無意識に」使っている能力です。

例えば、「最近、A子さんは元気にしてるかなぁ？」と考えていた時に、突然A子さんからスマホにメッセージが届いたり、「なんとなく今日はこっちの道を通ろうかな」といつもと違う道を歩いていると、ばったり高校時代の旧友と遭遇したり……。

これらはテレパシーで受け取っている情報です。いわゆる「虫の知らせ」です。

一例として、私たち夫婦の間で頻繁に起こるテレパシーの例を紹介しましょう。

夫婦で散歩している時に「ソフトクリームが食べたいなぁ」と思った瞬間、夫から

「Shiori、ソフトクリームでも食べない？」と言われたり、「今日は夕飯作る元気がないなあ」と思っていると、夫から「今日は外に食べに行こうよ！」とメッセージが届いたり……。

私が夫に話そうと思うことは、だいたい夫から先に話を持ち掛けてきます。

なぜ、アニマルコミュニケーターでもない夫がテレパシーを使えるのか？

それは、テレパシーを使う仕事をしている私と生活を共にしているからです！

テレパシー能力は伝染します。

その能力を使っている人のそばにいると、テレパシーのアンテナが共鳴し始めるのです。

テレパシーは私たち人間が本来持っている能力です。

ただ、言葉によるコミュニケーションがメインになってから退化してしまいました。

でもアンテナはまだ皆さんの中に残っています。

そのアンテナをもう一度使えるようにすればいいのです。

テレパシーは言葉よりも便利

一般的に外国語は、言葉による「言語コミュニケーション」であるのに対し、アニマルコミュニケーションはテレパシーによる「非言語コミュニケーション」です。

一度テレパシーによるコミュニケーションを体験してしまうと、言葉によるコミュニケーションがいかに原始的で、不便であるかを実感します。

「動物たちは、こんなに便利な方法で意思疎通していたのか!」

と動物を拝みたくなるかもしれません。

そもそも、人間が言葉によるコミュニケーションを続けているから、動物たちと意思疎通ができないだけではないか?とさえ思えてきます。

「言語コミュニケーション」は言葉でしか表現することができません。

そして、受け取れる情報は一回に一つです。

それも、話を最初から最後まで聞かなければなりません。

それに対し、「非言語コミュニケーション」であるアニマルコミュニケーションは、**表現方法と受け取る手段が複数あります。**（P29～参照）

さらに便利なのが、**複数の情報を同時に受け取れる**ことです。

複数の情報を同時に受け取っても、すべてを理解できるのです。

例えば、私が動物と繋がった瞬間に、どれくらいの情報を受け取るかというと、彼らの性格、体調の良し悪し、痛み、違和感、その時に感じている感情……。

これらの情報が一瞬で、私の中に飛び込んでくるのです。

あとは、それぞれの情報についてこちらから質問して深掘りしていけば、理由がわかり、解決策が見つかり、癒やしが起こります。

人間同士の会話では一瞬でこれだけの情報を受け取ることは不可能でしょう。

テレパシーってとても便利なんです。

テレパシーで会話するってどんな感じ？

「言語を使わずに会話する」ってどんなふうにするの？

…と、想像がつかない方も多いと思いますので、ご説明します。

言語の場合は、話し手の言葉を聞いて受け手が理解します。

ただ、話し手の意図することが100％受け手に伝わればいいのですが、必ずしもそうはなりません。受け手によっては誤解も生じます。

「そんなつもりで言ったんじゃないのに……」ということもしばしば起こります。

それに対して、テレパシーによるコミュニケーションは、**身体全体で相手の感情や感覚、思考を受け取る**感じです。

まるで自分が動物になって、そう感じているかのような感覚です。

しかも、その動物が見ている映像、感じている感覚、思考など、複数の情報を同時に感じられるので、誤解が生じません。

例えば、散歩の途中にワンちゃんが花の周りを飛ぶ蝶を見つけて、急に吠え出したとしましょう。

それを見た飼い主さんは、「あら、蝶を見つけて興奮しているのね」と理解するかもしれません。「小さな蝶をムキになって攻撃しようとしているわ」と受け取るかもしれません。そのワンちゃんがなぜ吠えているのか?についての解釈はさまざまです。

でも、ここでテレパシーを使ってワンちゃんの感情や感覚を同時に受け取ると、「ウキウキ」「ワクワク」「ビクビク」「イライラ」「危機感」「オロオロ」……などが理解でき、さらに思考を受け取ると、ほぼ完全に理解できます。

「わーい！　なんか見たことないのが動いてるぅ！　たっのしぃ♪」
「何だ、この見かけない物体は！　これは危険だ！　飼い主さんを守らなきゃ！」
「なんか変なものが動いてるぅ、あっちに行ってぇ！」
このように、テレパシーを使うとコミュニケーションによる誤解も無くなります。

テレパシーで使う6つのアンテナ

アニマルコミュニケーションでは複数のアンテナ（回線）を使います。

とはいっても、それらのほとんどは、ふだん私たちが無意識に使っているものですし、すべてのアンテナを使いこなせなくても大丈夫です。

使いやすさも飼い主の職業や日常生活、行動パターンなどによって変わります。

アニマルコミュニケーションのアンテナは、大きく分けて次の6つです。

①思考
②感情
③視覚
④聴覚

⑤感覚（身体の感覚、味覚、嗅覚）
⑥直感

それでは、一つずつ説明していきましょう！

①思考

動物が考えていることを受け取れるスキルで、これは、ほとんどの人が最初から受け取れることができます。

なぜなら、**「現代人は1日6万回思考している」**と言われているからです。

私たちが日々、主に使っている道具が「思考」なのですから、動物が考えていることも受け取りやすいのです。

「思考」は、自分の中で動物との会話が繰り広げられているような感覚です。

「あっ、動物の言葉が聞こえる！」と思うかもしれませんが、それは聴覚とは異なります。

「思考」が面白いのは、世界中のどこの国や地域の動物とコミュニケーションしても、必ず**日本語で受け取れる**というところ。

もちろん、メキシコの犬が日本語を理解しているわけではありませんが、テレパシーは言語ではないので、受け手のフィルターを通して、いかようにも変換が可能なんです。つまり、辞書不要です。

②感情

動物が感じている感情を受け取るスキルです。

「ドキドキ」「ワクワク」「オドオド」「ビクビク」「デレデレ」「イライラ」「ズーン」「ルンルン♪」「シクシク」など。

感情という道具も人間は頻繁に使っていますが、比較的、**女性のほうが受け取りやすい**ようです。

ただし日頃から、きわめて論理的で感情の起伏が少ない人、傷つくのが怖くて自分の感情や意見を押し殺して生きている人、他人にあまり興味がない人は、感情のアンテナが錆びついていて、感じにくいかもしれません。

でもそういった方でも、**アンテナを磨けば、徐々に感じ取れるようになります。**

③視覚

画像や映像から動物の答えやメッセージを受け取るものです。

一枚一枚の写真がフラッシュバックのように見える場合もあれば、映画を見ているかのように動きのある映像を見ることもあります。

時には、ビデオカメラを遠隔操作して、動物の視点で周りの景色を見せてもらうこともします。

例えば、動物の正面の景色が見えたとき、**「右側には何があるの？」**と聞くと、動物の目線で右側の景色を見せてくれます。

「上は？」「後ろには？」と聞けば、３６０度の景色を確認することも可能です。

「視覚」スキルを使いこなすには時間がかかる方が多いようです。

なぜなら、普段の生活で「透視」のようなことはやっていないから。

でも、「透視」だって特殊能力ではなく、練習すればできるようになるスキルです。

私の生徒さんたちも10回くらいの練習で、はっきりくっきり、とまでは見えないにしても、動物の視覚情報をきちんと受け取れるようになる方がほとんどです。

「視覚」スキルを使えるようになってくると、動物とのコミュニケーションがさらに理解しやすくなります。

文字だけよりも写真や挿絵がある本のほうが内容を理解しやすいのと同じです。

また、**動物が実際に見ている景色をそのまま受け取れるようにもなります。**

じつは、このスキルを最初から使いこなせる方もいます。

建築家やアーティスト、フォトグラファーなど、日ごろから創造力を駆使する仕事をしている人たちで、彼らは視覚情報を受け取りやすいようです。

ちなみに、私はなかなかこの視覚情報を受け取ることができませんでした。

それは、私が「思考型人間」で「現実主義者」で「理屈っぽい」タイプだったから。

でも今では、この視覚能力が一番の得意分野となっています。

④聴覚

文字どおり、動物の言葉や声が聞こえるスキルで、まさに「ドリトル先生」の世界です。
このスキルが得意な人は、動物が今いる場所の環境音や飼い主さんの口癖など、その動物に実際に聞こえている音や声を感じ取ることができます。

例えば、**「大きな音がキライ」**というネコちゃんがいるとします。
でも、「大きな音」といってもたくさんの種類があります。
そこで、**「大きな音って、どんな音？」**と質問すると、人の大声だったり、車の音だったり、工事現場の騒音だったり……とわかり、そのネコちゃんのキライな音が確定できるのです。

耳で聞こえるというよりは、**意識の中で音を認識する**感じでしょうか。

仕事で聴覚を意識的に使っている職業の人が受け取りやすいアンテナで、ミュージシャンやカウンセラーの方々は受け取りやすいようです。

⑤感覚（身体の感覚、味覚、嗅覚）

身体の感覚

動物の身体が現在感じている痛みや違和感、不快感などを自分の身体で感じ取ることができます。

吐き気がする、胃の飽満感、げっぷが出る、お腹が張る、目がかすむ、息が重い、左後ろ足の付け根に違和感がある、左脇腹が痛い……など。

また、食欲がない時、散歩に行きたがらない時、夜鳴きが止まらない時など、身体の状態を確認することで原因がわかったりします。

ただ、一つ注意していただきたいのは、獣医師の診断が第一優先であること。

体調について不安を感じたら、まずは動物病院に連れて行くことです。

しっかりと獣医師の診断を仰いでください。

アニマルコミュニケーションは、その後です。

獣医師の診断を受け、血液検査の結果や病名がわかったとしても、どこか拭いきれない不安が残ることがあります。

それは結局、こんなことがわからないから。

「この子（動物）は苦しんでいるのか？」

「まだ痛みがあるのか？」

「私にどうしてほしいのか？」

「なぜご飯を食べてくれないのか？」

でも、動物の本音がわかれば、飼い主さんは安心できます。

さらに、自分にできることがわかればオロオロする必要もありません。


このスキルを習得しやすいのは、医師、看護師、整体師、マッサージセラピストなど、ふだんから人の身体に触れ、身体に意識を向けている方々です。

味覚

味や食感を自分の意識の中で感じられるスキルで、例えば、こんな感じです。

私「急にご飯を食べなくなってママが心配してるよ？　どうして食べないの？」

イヌ「このご飯がきらいだから」

私「なんで嫌いなの？」

イヌ「味と食感が嫌いなんだもん」

私「それ、どんな味がするの？　私に教えてくれる？」

すると、不思議なのですが、私の意識の中で何か魚臭いものを感じます。

しかも、食感もなんかネチョネチョした感じ。自然と私の顔も歪みます。

私「あ〜、この味と食感が嫌いなのね？　じゃあ、どんなのが好きなの？」

今度は、カリッカリの軽い食感と共に、ふんわりしたチキンのような味が口の中に広がってきます。

このやり取りから、このワンちゃんは「魚味のウェットフードが嫌い」で、「チキン味のドライフードが好き！」ということがわかります。

ここまでわかると、飼い主さんは次の行動を起こしやすいですよね。

このスキルは、ふだんから味覚に敏感な、料理人の方、利き酒師、料理研究家、もしくは食べることが好きな方が長けていることが多いようです。

嗅覚

臭いでメッセージを受け取るスキルです。例えば、

私「今の暮らしで改善してほしいことある？（飼い主さんからの質問）」

ネコ「ある！」

私「それは何？　飼い主さんに改善できるか聞いてみるから教えて？」

するど突然、私の鼻の中でふわっと「タバコの匂い」がしました。

ネコ「この匂い、イヤ！」

このメッセージを聞いた飼い主さんは、以降、台所の換気扇の下でタバコを吸うようになりました。

⑥直感

ペットが隠そうとしていること、嘘をつこうとしていること、あるいはペット自身も気づいていないことを引き出してあげるスキルです。

例えば、次のような事例がありました。

私「あなたは、ふだんはどんな子なの？」

犬「ボクはいつも明るくて、陽気で、家族のみんなを笑顔にしているんだ！」

私「そうなんだね！　たしかに〇〇ちゃんは明るくて、活発な感じだね！」

でも、その明るくて、活発で、いい子に見えるのに、

後ろに何かが隠されてるのを感じてしまいました。

まるで「**私の存在に気づいて……**」って言っているような意識。

私「こんなもの（承認欲求）がチラチラ見えるんだけど、この意識はなぁに？」

犬「あっ（汗）」

このワンちゃん、本当は飼い主にめちゃくちゃ甘えたかったんです。

でも家族みんなが忙しそうだから、自分がムードメーカーになって、明るく振舞ってみんなを元気づけようと頑張っていたんです。

それを知って以後、飼い主さんは意識的にその子を甘やかすようになりました。

直観力は、テレパシー能力が向上してくると自然に高まります。

テレパシーを使って動物と話す経験を積んでいくと、苦手分野だったアンテナ（スキル）も芋づる式に向上し、いつの間にか使えるようになります。

これだけ多くのアンテナを使えたら、言葉は通じなくてもお互いに伝えたいことがしっかりと相手に伝わるし、誤解もなく、スムーズな意思疎通が可能になります。

テレパシーをどんどん使えるようになる秘密の練習法

「テレパシー＝直観力＝波動」です。

「波動」を上げれば、動物とツーカーで話せるようになります。

「でも波動って、目に見えないじゃない？　どうやって上げるの？」
「波動を上げるって瞑想や座禅をするの？　でも、効果を実感しにくいよね」
たしかに、世間一般に「スピリチュアル」と呼ばれる世界は、あいまいな表現や効果がわかりにくいことが多いですよね？
だから続かないし、達成感もない。

私は、常に効率的に結果が出る方法を探し出すことを意識しています。

ムダな努力をしてはいけません！

自分の努力だけでどうにかしようなんて辛いし、きついし、時間がかかります。

日本人特有の「努力は美徳」はここでは忘れてください。

使えるものは何でも使います。

そう！　**波動を上げてくれる道具**を使ってしまえばいいんです！

以下に、「波動」を上げる道具と方法をお伝えします。

①そもそも高い波動を持った「もの」を身に着ける

職場でも、自己啓発本でも、よく言われるのが次のことでしょう。

「成功したければ、成功している人のマネをしなさい」

「憧れの人になりたければ、憧れの人と行動を共にしなさい」

これはどういうことか？　というと、

「波動が高い人のマネをしなさい」

「波動が高い人のそばにいなさい」

ということ。なぜなら、

「波動は還《かえ》ってくるから」

「波動は共鳴するから」

ということは、

「波動が高いものを身に着ければ、自分の波動を引き上げられる」

つまり、テレパシー能力が上がるということになります。

［エッセンシャルオイル］
エッセンシャルオイルは、植物や樹木、根っこから抽出したオイルです。
自然界は人間とは比べものにならないくらい高い波動を有しています。
その高い**自然界の波動を身にまとうだけ**でいいのです。
一瞬であなたの波動が上がります。

そんなこと言われても、本当に変化するのか？　波動が上がるのか？

目に見えないと実感もできませんよね。

そこで、友人のAくんのオーラ写真による実験をご紹介します。

ご存知の方も多いと思いますが、「オーラ写真」というのは、身体の周囲にある微弱な電磁波エネルギー（＝オーラ）を特殊なカメラ（オーラビジョンカメラ）で撮影するもので、その時の感情や健康状態、人生観などを映し出します。


Aくんはとても現実主義で、真面目で、バリバリ仕事をこなす会社員です。

写真の中の彼のオーラは、全身を赤色の光が包み、頭の周辺を黄色の光が囲んでいました。

赤色は「高エネルギー、リーダーシップ、強い意志、金銭への意識」を表します。

黄色は「分析的、知的、独立心旺盛、完璧主義、頑固」を表します。

その直後、エッセンシャルオイルを塗布してから撮影した写真では、彼の全身を青色の光が包んでいました。

これは、テレパシー能力、サイキック能力、癒やしの力を表す色で、動物とコミュニケーションするのに最適な状態であることを表しています。

エッセンシャルオイルを塗ると、一瞬でテレパシー能力が上がるのです。

ただ、こんな疑問も湧いてくるでしょう。

「塗布したものが薄まれば、本来のオーラに戻ってしまうのではないか?」

「一生、エッセンシャルオイルが手放せなくなるのではないか?」

結果から言えば、エッセンシャルオイルを使い続ける必要はありません。

エッセンシャルオイルの高い波動に自分の波動が同調して高まり、自分自身の波動として定着していきます。したがって、徐々に、エッセンシャルオイルの助けを借りる必要がなくなってくるのです。


またオーラは、その人の思考、環境、接する波動によって変化していきます。

次ページで紹介する3点は、いずれも5月に撮影した私のオーラ写真です。

私の素のオーラです。

・2015年　黄色（頑固、自我が強い）が全体を覆う。
アニマルコミュニケーションのワークショップを受講し始めたころです。
当時の私は、自分の力ですべてをコントロールしようとしていました。
↓
・2016年　黄色が薄れ、赤色（経営者、ハイパワー）が強まる。
アニマルコミュニケーターとして独立して2か月目のころ。
↓
・2018年　黄色や赤色が消え、
青色（テレパシーやサイキックの能力）が全開している。

このように**「波動＝テレパシー能力」は常に変化していく**のです。

＊注意　エッセンシャルオイルは、不純物が入っていないセラピー等級品質のオーガニックのものをお使いください。純度が高いものほど高い波動を有しています。ちなみに私が愛用しているエッセンシャルオイルはヤングリヴィング社のもので、日本でも購入可能です。また、猫ちゃんを飼っていらっしゃるご家庭でのエッセンシャルオイルのご使用はご注意ください。

2015年5月撮影
・ハワイに移住して1年経過時
・アニマルコミュニケーションの「初級」「応用」のワークショップを受講したばかりのころ
・自分の力ですべてをコントロールしようとしていた（無駄な努力をしていた）ころ
・黄色：頑固、自我

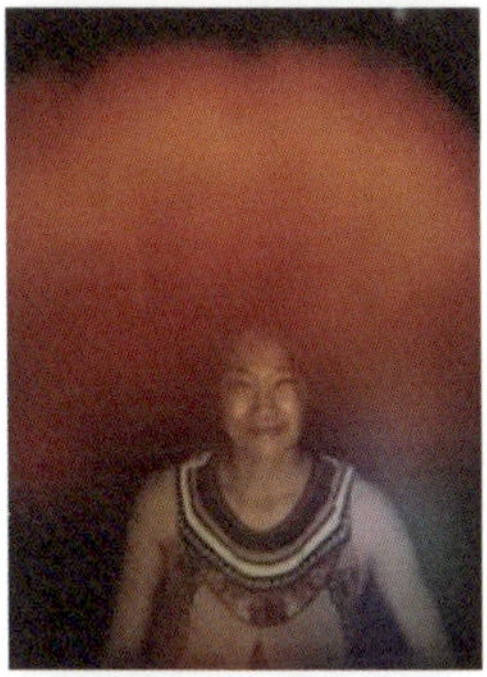

2016年5月撮影
・アニマルコミュニケーションと出会って約1年半
・撮影2か月前にACビジネスを始めたばかり
・赤：経営者、ハイパワー
黄色＝自我は薄れてきている

2018年5月撮影
・完全に自我（黄色）が消え、完全な深いヒーラー、サイキックのエネルギーに変わっている
・青：サイキック能力、ヒーラー

ニュージーランド・フラワーエッセンス

これは、ニュージーランドの先住民が住む、パワフルでクリーンな土地で育った花や植物の波動を転写した水です。

これを1日4回、コーヒーや紅茶、お水に4滴ずつ垂らして飲むだけです。

トラウマやインナーチャイルド、幼少時のネガティブな記憶、前世の後悔、両親から受け継いだ価値観などさまざまなマイナス要素を解放してくれます。

これらは自分の努力ではどうにもできないものですから、植物の高い波動の助けを借りて解放してもらいましょう。

それによって、**今までうまくいかなかったことが、スムーズに回り始めます。**

とても不思議な感覚です。

例えば、職場でイヤな上司が転勤でいなくなったり、今まで全く取り組めなかった苦手なことがすんなりできるようになったり、崩壊寸前の家族との関係性がよくなったり……。

私も超えなければならない壁や目標がある時は、必ずこれを調合してもらいます。

一般的によく知られている英国発祥の「バッチ・フラワーエッセンス」が38種類の植物エネルギー（波動）を調合するのに対し、ニュージーランド・フラワーエッセンスは、100種類以上の植物からの波動をその人に合わせて調合します。

大きな特徴としては、トラウマやカルマなどの辛い記憶やネガティブな問題を癒やすだけでなく、**その人が本来持っている素晴らしい部分やポジティブな面を引き出し、発展させていく**ことです。

エッセンシャルオイルのような即効性はありませんが、一びん飲み終える頃（1か月半~2か月）には、飲み始めた頃に抱えていた問題や悩みが消え、**「あなた」という花が開き始めます。**

本書の原稿も、ニュージーランド・フラワーエッセンスを飲みながら書きました。

おかげで、産みの苦しみも無く、スラスラと文章が降りてくる感じでした。

つい先日までの私は、3年間ブログも書けず、文章を書くのがとても苦手だったのに。

瞑想CD

世の中にはリラクゼーションを目的とした数多くの瞑想CDがあります。

会社勤めの頃、私もそれらの瞑想CDを幾つか試したものです。

ただ当時は、期待したほどの効果は得られず、以来頼ることはありませんでした。


それから数年たったある日、米国のセンターポイント・リサーチ研究所が医者や研究者たちと開発した「The Holosync Solution『Awakening PROLOGUE』」という瞑想CDと出会いました。

前回のこともあり、それほど効果は期待していませんでしたが、そのCDを聴いた瞬間、脳みそが大きく揺れたのです。

思わずヘッドフォンを耳から外しました。

「このCDは、これまでの瞑想CDとは何かが違う」

そう感じた私は、その日から毎日そのCDを聴き始めました。

最初の1か月間は、不思議と辛い頭痛が続きましたが、これだけの反応に喜びを感じていることのほうが大きかったのを覚えています。

「私の中で、きっと何か大きな変化が起きている……」

このCDは、ストレスや怠慢を作り出す脳内の部位に働きかけることで、意思決定力や創造力、集中力を強化するそうです。

つまり、脳波に変化を起こすことで、聴く人の波動を上げてくれるのです。

その5か月後、私のアニマルコミュニケーションへの世界が開いたのです。

それからというもの、私の人生はいい方向に向かって転がり続けています。

お守り

日本人にはいちばん違和感がないものでしょう。

お守りをいただきに神社にお参りするだけで浄化され、波動が上がります。

神様だけでなく、遠い昔からその神社を訪れた人たちの感謝や願いが繋がった、とてつもないパワーバンクなのです。

あなたの純粋な想いを実現するための味方になってくれるでしょう。

パワーストーン

本当に波動が高い石を見つけるのはなかなか難しいのですが、違和感なく身に着けられるアイテムです。

ネガティブなエネルギーから守ってくれたり、浄化してくれたり、必要な波動を補ってくれたりします。

私も、石を左手に握りながら動物と話すと落ち着きます。

オルゴナイト

ネガティブなエネルギーをプラスのエネルギーに変換してくれる、エネルギー循環・発生装置です。

有機物（樹脂）と無機物（石や金属）を固めたもので、2つの異なった要素がエネルギーの「流れ」を生んでくれます。

「お守り」のように身に着けたり、身近なところに置いて使います。

オルゴナイトの主な効能は以下のとおりです。

・生命力、人間的魅力の向上

・電磁波や放射能などの有害な電波の軽減
・精神のバランスを保ち、平和な気分にさせる
・恐れや怒りなどの感情からの解放
・忙しい日常生活で乱れた精神と肉体を、本来あるべき状態へ戻す働き
・空気を浄化し、水の中の毒素を無害化する
・植物の生長を促進させ、害虫から守る
・ヒーリング効果の増幅　など

いかがでしょう？　こうしたグッズを利用すれば、努力しなくても、テレパシー能力を上げることができます。

テレパシー能力がどんどん上がる生活習慣

日常生活の習慣をちょっとだけ変えるだけでも、テレパシー能力は上げられます。
以下に、簡単にできる日常の習慣をいくつかご紹介します。

①身の周りのモノを少なくする

テンションが上がるモノ、気分がよくなるモノ、元気が出るモノ……自分にプラスに作用するモノ以外はできるだけ手放しましょう。

モノが少なくなると新しい波動が入るスペースができて、波動が上がりやすくなります。

波動が上がっているか否かは、部屋に入った瞬間に「気持ちいい」と感じるかどうか。

ものが少ないホテルや旅館の部屋に入ると、思わず深呼吸したくなりますよね？

それは、波動が上がっている証拠です。

②感謝の言葉を発する

たとえそう思わなくても、とりあえず「ありがとう」と言う。

すると、やがて心の底から「ありがとう」と言いたくなるようなことが自分の周りで起こり始めます。

一日に何十回も、とにかく無理やり機会を見つけて言ってみてください。

言霊の力が働いて、どんどん波動が高いものを引き寄せます。

「感謝のエネルギー」は宇宙で最強だと言われています。それを味方につけましょう。

③やりたくないことは「やらない」

「やりたくない」「行きたくない」「会いたくない」と思ったら、やらない、行かない、会わない、という選択をしてください。
日本人は「断る」ことに抵抗感を覚える人が多いようですが、勇気を出して「No」と言ってみてください。意外と誰も気にしないものです。

自分の気持ちに素直に従いましょう。

「付き合いを断ると、いざという時に助けてもらえないかも」と不安になりますか？
私も不安でした。だからすべての誘いを受けてきました。そして疲れ果てました。
その時にお付き合いしていた人たちは、いま一人も残っていません。
今はほとんど家で過ごし、飲み会も交流会も、よほどのことがない限り不参加です。
でも、**助けてくれる人はちゃんと必要な時に現れます。**

波動を上げておけば問題ないのです。

とはいえ、日々の暮らしの中で、「やりたくないことは一切やらない！」というわけにもいかないでしょうから、できることから「やらない」を実践してみてください。

④ハート（心）で決断する

何かを決断する時、いろいろな条件や、未来に起こりうる障害、うまくいくか否かの判断など、頭の中でいろいろ考えて答えを出します。

でも、私の経験からはっきりと申し上げます。

頭で考えた答えは、だいたい間違っています。

私も子供の頃から会社を退職するまでの約40年間、いっぱい考えて、いろいろな条件を組み合わせて、たくさんの決断をしてきました。

でも、一向にハッピーな気分になれませんでした……。

では、何に従って決断すればよいのか？

自分のハート（心）です。

基準は、何かを決断する時に自分の心が「ウキウキ」するかどうか？だけ。

逆に、「モヤモヤ」したり、「ズーン」と重たい気持ちになるようなら、最初からやらないほうがいいのです。

⑤ペンデュラムを利用する

頭で考えて答えを出すことをやめましょう。

と言ってもまだ、頭が考えてしまう時、「ＹＥＳ／ＮＯ」をはっきり出してくれる道具があります。

ダウジングをする際に使う**「ペンデュラム（振り子）」**です。

あなたの魂は、今世でなすべきことをすべて知っています。

その**魂からのメッセージを受け取るのが「直観力」**です。

でも、その「直感」をうまく受け取れない場合、ペンデュラムがあれば「ＹＥＳ／ＮＯ」を目に見える形で受け取れます。

まず、振り子の動きをよく確認してから質問をするのです。

例えば、「このパーティには出席したほうがいい？」と質問した時に振り子が「ＹＥＳ」

を示したら、きっとあなたに必要な出会いがあるでしょう。

「NO」なら、そこには会うべき人も情報もチャンスもないことを示しています。

ペンデュラムを使いこなせるようになると、**自分の直観力を信用できるようになり、テレパシー能力が急速に向上します。**

「でも、振り子なんかで重要な決断はできないでしょ?」

と思う方もいらっしゃるでしょう。そんなあなたに質問です。

「いままで一生懸命、頭で考えた答えに従って生きてきたあなたは、そのすべての結果に満足していますか?」

私はいま、すべての状況に心から満足しています。

すべての決断を、自分の心に従うか、ボディペンデュラム(後述)に従っているからです。

これに従って行動すると、**自分がやりたいことだけに満たされ、ストレスフリーの人生を歩むことができます。**

あなたの人生は、既にやることが決まっています。

考える必要はありません。むしろ、考えたら間違った方向に行ってしまいます。

決断する時に、思考することをやめるだけで、あなたの中に、動物の繊細なメッセージが入り込めるスペースができるのです。

そこで、おススメしたいのが**「ボディペンデュラム」**です。

自分のボディ（身体）をペンデュラム（振り子）として使うのです。

ボディペンデュラムのやり方

1. 慣れるまでは目をつぶってやる。深呼吸を一つする
2. まずは「YESとNO」の動きを確認します。
意識の中で「YESを教えて」と言ってみる。

身体に何かしらの動きや変化を感じたら、それがあなたの「YES」。

同じように「NO」の動きも確認する
3. 意識の中で、答えがほしい質問をする。例えば「この飲み会には行くべきか？」。
すると、身体が自然に「YES」か「NO」を教えてくれる

慣れるまでは当たらないことのほうが多いかもしれませんが、回数を重ねることで正解率は上がってきます。

答えがはっきりする質問で練習してみてください。

「どっちのエレベーターが先に来るか？」

「どっちのチームが勝つか？」

「この商談は成立するか？」

⑥自然の中を歩く

電磁波や過剰な情報、ストレスや欲望や嫉妬が絡み合う日常生活は、どうしても「波動＝テレパシー能力」を上げることが困難な状況です。

そこでお勧めしたいのが、**意識的に自然の中を歩く**こと。

自然の中に身を置くと、次のようなメリットを受け取ることができます。

・ネガティブなエネルギーが大地へ解放される＝自分の中にスペースができる

・山の樹木や植物の高い波動を浴びることで、自分の波動も上がってくる

・大地のエネルギーを自分の中へ満たすことができ、迷いがなくなる
・叡智の源である大地や樹木から自分に必要なメッセージを受け取ることもある
・海では足を浸すだけでもいい。ネガティブな思考や気持ちが塩の力で浄化される

ぜひ、試してみてください。

⑦「偶然の一致」を大事にする

同じ言葉やメッセージを、何度もいろいろな人から聞いたり、ずっと抱えていた問題の解決法をふと手にした雑誌やテレビで見つけたり、といった経験をしたことありませんか？

こういった経験が**「偶然の一致」**と呼ばれるものです。

テレパシー能力が上がると、「偶然の一致」が数多く起こり始めます。

あとは、そのメッセージどおりに行動を起こすだけでいいのです。

ワクワクすることだけに意識を向けて、行動する。

それが繰り返されることでテレパシー能力はさらに上がります。

私の一例をご紹介します。

スーパーで買い物をしていた時、ある女性が目に飛び込んできました。

その女性は、何十年も連絡を取っていない高校の親友を思い出させてくれたのです。

私は帰宅後、ワクワクしながら彼女に連絡を取りました。

すると、どうでしょう！　彼女は挨拶もそこそこに、私がその時に探していた情報について話し出すではありませんか！

スーパーで見かけた女性を無視していたら、こんな展開にはならなかったでしょう。


こんなこともありました。

夢の中にある友人が突然出てきました。

彼女とは最近、全く連絡を取っていませんでした。

「これにはどんな意味があるのかな？」と思っていた時、偶然、その友人と同じニックネームを持つエネルギッシュな人と出会いました。

その人とは来年、大きなプロジェクトを一緒にすることになりました。

決断に迷いはありません。

なぜなら、前もって夢の中でメッセージを受け取っているからです。

以上、テレパシー能力を上げるための日常習慣を7つご紹介しました。
どれも、簡単にできることばかりです。
これらの習慣で、テレパシー能力はあっという間に向上します。
ぜひ、意識的に取り入れてみてください。
短期間で自分の周りに変化が起き始めますよ。
そして、動物たちとスムーズに会話ができるようになります。

第2章
動物と話すために大切なこと

動物にリスペクト（尊重）する気持ちを見せる

動物を愛する人たちにすれば「リスペクトする」なんて、当たり前だと思うかもしれません。

ですが、世の中には動物を見下している人もたくさんいます。

「動物には感情がない」と思っている人さえいます。

とんでもない！

動物は、人間と同じように感情も思考も持っています。

それだけではありません。

私たちが忘れかけている**「無償の愛」**や**「慈悲の心」**を、動物たちは惜しげもなく与えてくれます。

そして、動物と繋がることによって、それらの存在を思い出させてくれるのです。

私にとって動物たちはは「幸せに生きるために必要なことを教えてくれる師匠」です。

実際、私の人生は、今は亡き愛犬くぅの存在で大きく変わりました。

自分を大切にすることで、周りの人も幸せにしてしまうという術を彼から教わりました。

多くの人たちは、自分を大事にすることをおろそかにしています。

「自分を大切にする、優先する」ことに罪悪感を持つ人も大勢います。

その意識を変えるきっかけを、くぅは与えてくれました。

くぅは、自由奔放なロングヘアーチワワの男の子でした。

人の好き嫌いや、やりたいこととやりたくないことがはっきりしていて、誰からも愛される可愛いタイプ、というわけではありませんでしたが……。

私が呼んでも、来たくない時は鼻を「フン！」と鳴らしてプイッと反対方向へ行ってしまうし、私が怒ると腹いせにソファの上に（しかも私が座る場所に）おしっこしたり。
一日中、寝てるか、食べてるか、散歩してるか……。

「ここまで自由奔放でわがままなくぅに、私はなぜ、こんなにも惹かれるんだろう？」
ある時、そんなことをふと思い、考えてみました。

・嘘がない（自分に正直に生きている）から気を遣わなくていい
・やりたいことをやって、いつもハッピーなくぅを見ていると私もハッピーになれる
・帰宅するたび、体全体で私への喜びを示してくれる……。
いろいろと理由は挙げられますが、最終的にたどり着いたのは、
いつでも私を受け入れてくれるから。
これが「無償の愛」と「慈悲の心」です。
くぅは、いつでも、そのままの私を受け入れてくれました。

例えば、あなたのペットたちは、毎日仕事で疲れて帰ってきたあなたを、小さな身体から

溢れんばかりの「愛」と「喜び」で出迎え、あなたを笑顔にし、癒やしてくれませんか？

とても自然なことなのに、私たち人間はどうでしょう？

あなたは、毎日、**誰かに素直な愛を送り、誰かを心から癒やしていますか？**

多くの人は、自分のことで精いっぱいで、パートナー（家族）すらハッピーにできていないのではないでしょうか？


私たちは、動物から学ぶことがたくさんあります。

動物たちにリスペクトする気持ちを見せましょう。

そうすれば、動物は惜しみなく愛のメッセージを送ってくれるでしょう。

動物についての先入観を取り除く

「イヌだから散歩が好きにちがいない」
「ネコだから魚味のご飯が好きだろう」
「このネコちゃんはもうすぐ亡くなるから、家族に感謝の気持ちを伝えたいだろう」
「この子は保護犬で、辛い過去があるから可哀想だ」

イヌだから、ネコだから、若いから、高齢だから……といったさまざまな先入観（概念）が、私たちの「思考」にはインプットされています。

そういった勝手な先入観で繋がると、**動物たちの純粋でピュアなメッセージ**は曲げられてしまうか、受け取れなくなってしまいます。

例えば、私がかかわっているアニマルシェルターでの話です。

ここには平日の昼間でも多くの訪問者がいます。

中には、イヌたちの世話をしている私の横で涙を流す方が少なくありません。

「可哀想な子たち……私がもっと大きな家に住んでいて、お金があれば、すべてのイヌを引き取るのに……」

とてもやさしい方ではあるのですが、その方の頭の中では、

「シェルターにいる動物＝可哀想な動物」

という先入観ができ上がってしまっているのです。

・シェルターの環境に慣れていなくて怯えている子
・今までずっと一緒にいた飼い主さんが突然いなくなって寂しがっている子
・諦めずに飼い主さんのお迎えを待っていてソワソワしている子
・他のイヌが怖くてベッドの下にうずくまっている子……
シェルターにそんな動物たちがいるのはたしかです。

でも、彼らがみんな可哀想とは限りません。

ある日、3か月以上も新しい家族が決まらず、シェルターに留まっている大きなピットブルがいました。
ボランティアの方々も心配して、私にこんな依頼をしてきました。
「新しい家族が決まらず、寂しい思いをしているはず。話してみてくれないか？」
そこでさっそく、ピットブルの犬舎に入り、その子と繋がってみました。
すると繋がった瞬間、私の中に飛び込んできたのは、
のびのびした解放感と安心感、そして**「あ～幸せ」**という思考でした。
私「なんでそんなに幸せなの？」
イヌ「だって、毎日、朝晩ご飯はもらえるし、
お昼過ぎにはピーナッツバターが詰まったおやつももらえるし、
お散歩にも連れてってもらえるし、
次から次へといろんな人間が遊びに来てくれるし、
日向ぼっこもできて最高～♪」
と、シェルターの生活がいかに快適かを伝えてくれました。

「ボランティアのみんなが、あなたのことを心配しているの」

と言っても、その子からは全く焦りの感覚は伝わってきません。

代わりに伝わって来たのは、ゆるぎない「自信」でした。

そのピットブルには「家族が見つからないかもしれない」という、未来に対する不安など少しもなかったのです。

「そのうち、自分に合った家族が見つかる」ことを確信しているかのようでした。

そしてこの子は、私が話をした翌日、とても素敵なカップルに出会い、引き取られていきました。

このように、動物たちは、私たち人間が持っている先入観や概念とは異なる思考を持っているのです。

アニマルコミュニケーションに人間の先入観は不要です。

ビジー状態（話し中の電話）では話せません

話し中の電話では、相手と会話できません。

これは、アニマルコミュニケーションも同じです。

四六時中、仕事のことを考えていたり、暇さえあればスマホでSNSやニュース、動画などを見たり、家に帰ってもテレビをつけっぱなし……。

思考や気持ちが目まぐるしく動き回って、心に隙間がないような状態では、動物の繊細なメッセージを受け取ることなどできません。


自分の中に、**動物の声が聞ける「静かな場所」**を用意しましょう。

「静かな場所」を作るための方法をいくつかご紹介します。

朝起きてすぐにコミュニケーションする

朝起きた直後は、ボーッとしていて脳はまだシャキッとしていません。
スマホもインターネットもテレビも見る前なので、思考もまだ休んでいる状態です。
こうした自分の中が極力空っぽで、思考が停止している状態の時は、
動物からのメッセージを受け取りやすいのです。
朝はバタバタして落ち着かないという方は、夜寝る前でもいいでしょう。

動物と繋がる前に1分間の瞑想をする

目を閉じて1分間、自分の呼吸に意識を集中するだけです。
1分間がいかに長いかを実感すると思います。
それだけ、私たち人間は常に「思考している」のです。
これでは、テレパシー能力も衰退してしまいます。

瞑想中に生まれた「思考」を息と一緒に体外へ吐き出しましょう。
身体の中が少しずつ空っぽに、静かになるのを感じるでしょう。

耳栓を使う

身の周りの生活音や人の話し声をシャットアウトします。
沈黙の世界を作り出すのです。
私は、ノイズキャンセリング機能がついたヘッドフォンを愛用しています。

・近所の子供たちが叫びながら遊んでいる時
・家の外で芝刈り機の音がしている時
・隣家の音楽が聴こえる時
・階下からテレビの音が聞こえる時

すべての音をシャットアウトすると、自分の中のざわついたエネルギーが落ち着いてきます。

「音」をシャットアウトすることで、集中して動物とコミュニケーションすることができます。

私は、移動中の飛行機や新幹線の中から、写真を使った「遠隔コミュニケーション」で動物と話すことも多いのですが、コミュニケーションが終わるまでイヤホンは付けたままです。

グラウンディングをする

自分の中のエネルギー（波動）が不足していると、集中力が切れたり、意識が散漫になります。

そうなった時は、**大地＝地球＝自然界から補充する**のです。

これらは無限のエネルギーを私たちに与え続けていますが、そのエネルギーを自分に取り込む行為が**「グラウンディング」**です。

「グラウンディング」は通常、次のようなイメージを膨らませながら、10〜20分ほどかけて意識の中で地球と繋がっていきます。

足の裏から木の根が生えてきて、
その根がどんどん地の中を突き進んで地球の核にたどり着き、
核から大地のエネルギーを吸い上げ、自分の中に満たしていく。

じつは、私も試してみたのですが、足の裏から木の根が生えてきませんでした。
超現実主義の私には「イメージを膨らませる」ことができなかったのです。
さらに、短期集中達成型の私には10~20分間集中することもできませんでした。
すぐに意識が抜け出して、他のことを考えてしまうのです。

でも、ここでへこたれる私ではありません。
想像力も、時間も必要としないグラウンディング方法を作ってしまえばいいのです!
そして編み出した方法が、**「瞬速! 2秒グラウンディング」**です。

瞬速! 2秒グラウンディングのやり方

慣れるまでは立ってやりましょう。慣れたら座ったままでもできます。

①肩幅に足を開いて立ちます
②片方の足のかかとをゴン！　と地面に落とします
③かかと↓土踏まず↓指先の順で、足裏をベターッと地面につけていきます
④足裏全体がベッタリとついたら、最後に５本指でガツッと地面を掴みます
⑤もう片方の足で、①〜④を同じようにします
⑥目を閉じて、自分の両足が地面と一体化した感覚を感じます

大地のエネルギーがどんどん身体の中に上がってくる感覚を感じてください。
慣れると、片足１秒でできるようになります。

自分の気持ちが落ち着くアイテムを取り入れる

あなたがホッと息をつけるアイテムは何ですか？
お香？　ヒーリング音楽？　キャンドル？　お守り？　パワーストーン？
アイテムでなくても構いません。
紅茶を飲む、散歩する、チョコレートを食べる、ペットの写真を見る、掃除する……。

とにかく、自分がホッと落ち着ければいいのです。

私が動物と話す前に落ち着くアイテムは、エッセンシャルオイルとコーヒー、パワーストーン、お守りです。

意識が落ち着くエッセンシャルオイル（主に松やヒノキ、樹木系のブレンドオイル）をディフューザーで噴霧しながら、ソファに座って、ゆっくりとコーヒーを一杯飲みます。

仕事モードでフル回転していた脳がどんどんリラックスしてきます。

頭の中や意識が静かになったらコミュニケーションを開始します。

能力を最大限に発揮できるように、片手にお守りか石を握ります。

あなたも受験や試験の時には、お守りがあるだけで、安心したり、落ち着いたり、実力が発揮できそうな気がしませんでしたか？

これは、同じ願いや志を持った人、自分を守ってくれている存在のエネルギーが自分のエネルギーに加わってくれるからです。

自分一人の力より、多くの人の想いが手助けしてくれるほうがうまくいきます。

動物と自分の周波数を合わせる方法

誰でも動物と話せるはずなのに、ほとんどの人が動物のメッセージを理解できないのはなぜでしょう？

それは、「周波数」が違うからです。

ラジオは周波数をチューニングすることで、番組を聞けるようになります。

それと同じで、**動物と話すにもチューニングが必要**なのです。

人間の周波数＝波動は、動物のそれよりも低いため、普通の状態では動物のメッセージが聞こえてきません。

動物たちは、より自然界に近い周波数（波動）を持っていますから、彼らの周波数に私たちの周波数を合わせればいいのです。

では、具体的にどうすればいいのでしょうか？

私の方法をいくつかご紹介しますので、試してみてください。

エッセンシャルオイルを身体につける

いちばん簡単で、効率が良く、効果が高い方法です。

エッセンシャルオイルは自然界の高い波動を有するため、塗るだけで自分の周波数を、動物たちの高い周波数に一瞬で引き上げてくれます。

言霊の力を借りる

言霊の力は偉大です。

意識の中で宣言するだけです。

「今から○○ちゃんとコミュニケーションを始めます」

このひと言が、チューニングと同じ役割を果たします。

動物に「愛」を示す

これからコミュニケーションする動物に敬意を払い、意識の中で、その動物が幸せに満ちている姿を思い描き、安心感で包んであげます。

そうすることで動物にあなたの敬意と愛が届き、繋がりやすくなります。

なぜなら、「愛」のエネルギーはとても高い波動だからです。

深呼吸で自分の中の雑念を吐き出す

雑念があるというのは、ラジオがザーザー言っている状態です。

これでは動物の繊細なメッセージを受け取ることができません。

この雑念を消すためには次のことを行ってください。

1. 息を思いきり吸って身体の隅々まで空気を届けたら、6秒間息を止める

2. その間に、雑念を空気に同化させるか、空気でガツッと掴む

3. 雑念を空気と一緒に口から吐き出してしまう

何度か繰り返すことで自分の中が空っぽになるのを感じるはずです。

雑念を吐き出したあなたの波動は上がり、空っぽになったあなたの中に、動物たちのメッセージが入りやすくなります。

心から愛する存在に助けてもらう

好きな人のことやペットのことを想った時、自然と笑顔になったり、ポワンと心が温かく感じたりしますよね？

これは、愛のエネルギーがあなたの中に満ちている証拠です。

この状態が、動物の周波数と非常に合います。

動物とコミュニケーションを始める前に、愛する対象を思い浮かべ、心の中に招き入れることで波動が上がります。

「周波数＝波動」は、意識するだけでも上げられるのです。

これを続けると、波動がどんどん上がり、簡単に動物と繋がるようになります。

動物はこんな人と話したがっている

動物たちだって、話す人を選びます。

アニマルコミュニケーションのスキルがあるからといって、どんな動物でもペラペラと話してくれるわけではありません。

・飼い主さんとの問題を解決したい
・飼い主さんに気づいてほしいメッセージを伝えたい
・ただ話を聞いてほしい
・飼い主さんを慰めたい

動物の性格、飼い主さんの性格、コミュニケーションの目的によって、それなりに適したコミュニケーターは異なります。

例えば、私の場合、営業職の経験から洞察力が多少長けていることもあり、

・問題点は何なのか?

・それに対して何をすれば解決するのか?

・相手は本心では何を求めているのか?

など深堀りした質問をすることで、相手から「本心」もしくは「真意」を聞き出すのが得意です。

言いにくいことをはっきり伝えることにも躊躇しません。

でも、それに対するフォローも忘れません。

たとえ辛いメッセージであっても、最終的には相手がハッピーになるように話を持っていきます。その結果、

「言いにくいことをはっきりと飼い主さんへ伝えたい」

「交渉しなければならない内容がある」

「飼い主さんに即行動してほしい」

など、深刻な会話をしたい動物が私を選びます。

ちなみに、動物たちはテレパシーで故意にそのコミュニケーターを選んでいます。

動物たちは一瞬で私たちのすべてを見抜きます。

はじめて出会ったとしても、私たちのことはお見通しです。

動物たちに隠し事はできません。

どんな性格の動物でも「こんな人となら話したい！」と思うコミュニケーターとはどんな人か？の特徴をご紹介します。

自信に満ち溢れている人

自分の信念に基づいて行動している人は、ただ漠然と行動している人に比べて経験値が違います。

目的のある経験値は、その人の「自信」へと変化していきます。

自信に満ち溢れている人には頼りたくなりますよね？　動物も同じです。

「経験」無くして、自信は培えません。

そのため、私の生徒さんたちにも、より多くの「経験」をしてもらっています。

動物にリスペクト（尊重）の念を持っている人

「犬だから」「猫だから」と動物は人間より劣っていると思っている人に、動物たちは何も話してくれません。

動物たちからの思考や意見を素直に受け取り、それらに自分の意見を被せない人に動物はいろいろな話をしてくれます。

さらに、**彼らの未知の経験に大いに興味を示せる人には、動物はノンストップで話してくれます。**

自分に正直な人

自分の信念や人生について、嘘を重ねてきた人、誤魔化してきた人、なんとなくやり過ごしてきた人を、動物たちは一瞬で見抜きます。

動物たちと繋がると、**彼らの純粋さに心を打たれます。**

そんな美しい、純度の高いエネルギーを持った動物たちに恥じない、堂々と向き合える自分であることが大事です。

動物たちから信頼される正直な人間になりましょう。

自分を大切にしている人

動物たちは知っています。

自分を大切にできない人は、第三者を心から癒すことはできない。

自分を大切にして生きてきた人には、それだけの愛＝エネルギーが蓄えられています。

自分が満たされているからこそ相手にエネルギーを向けることができるのです。

自分を楽しんでいる人

常に自分を楽しんでいる人は、「ワクワク」「ウキウキ」した感情を周囲に発しています。

その「ワクワク」「ウキウキ」感は、繋がっている動物たちにも感染します。

部屋に入ってきた途端にパッと雰囲気が明るくなるような人に、動物はペラペラと話してくれるのです。

目の前の事実を受け入れられる人

動物たちは常に「現在（いま）」を生きています。

たとえどんなに重い病気になっても、「何が原因でこんなことになっちゃったんだろう？」と過去を振り返ったり、「これからどうすればいいんだぁ！」と未来を悲観することはほぼありません。

「病気を自分の一部として受け入れる」落ち着いた感覚を持っています。

動物たちは、起こっている事実を常に現在の自分の一部として受け入れます。

とても、潔い生き方です。

そんな崇高な感覚を受け取れる器が、コミュニケーターにも必要なのです。

第３章
動物と話そう！

コミュニケーションをスムーズにするための準備

動物から伝わってくるメッセージはとても繊細ですから、慌ただしい日常を過ごす私たちが、すぐに動物と話し始めるのは無理です。

コミュニケーションを始める前には、それなりに準備の時間をとりましょう。

これも**「動物をリスペクト（尊重）する」**ことの一つです。

動物に何を伝えたいのかを考える

何のために会話するのか?

動物との会話の目的を事前に明確にしておくことで、的外れな質問がなくなります。

目的なく繋がって、だらだら話すのは動物にとっても失礼です。

「どれだけあなたを愛しているかを伝えたかったの」

それだけでも十分なのです。

自分の中に「静かな場所」を用意する

動物を招き入れ、落ち着いて話せる余裕を心の中に作りましょう。

そうすれば、ゆっくり、じっくり、動物の本音を聞き出すことができます。

「静かな場所」の作り方は、P74～を参照してください。

グラウンディングでエネルギーを取り込む

自分の中のエネルギーが満たされていないと、動物と繋がろうとする際に、次のようなことが起こりがちです。

・繋がるのに時間がかかる、もしくは繋がれない

・直観力が鈍って、メッセージをクリアに受け取れない

・雑念や先入観がじゃまして、メッセージを間違って解釈してしまう

そんな時は、P78～で紹介した「瞬速！ 2秒グラウンディング」を行って、自分の中に大地のエネルギーを満たしましょう。

「愛する存在」「サポートしてくれる存在」を確認する

動物と話すには、心を大きく開く必要があります。

その手助けをしてくれるのが、「愛する存在」「サポートしてくれる存在」です。

「愛する存在」とは、自分が無条件に笑顔になれる大好きな存在です。

自分のペット、家族、恋人、憧れのアイドルや俳優でもかまいません。

一瞬で心がときめき、笑顔になれる存在を紙に書き出しましょう。書き方にルールはありません。

「私が無条件で愛している存在、笑顔になれる存在は誰（何）だろう？」

と自問自答して、思い浮かんだ人（動物）を書き出してください。

次項目の「ハートセンター」を開く時に、彼らが手助けしてくれます。

ちなみに、私の「愛する存在」は、今は亡き愛犬「くぅ」、現在の愛犬「Momo」、そして「夫」です。


「愛する存在」に「サポートしてくれる存在」も書き添えると、ハートセンターはさらに開き、動物のメッセージが受け取りやすくなります。

「サポートしてくれる存在」とは、例えば、ご先祖様、近所の神社が祀る神様、天使、自然界のエネルギーなどです。

これらが、あなたの**潜在能力を引き出す**手助けをしてくれます。

私の場合は、ハワイの氏神様、守護天使、鳳凰など、自分との繋がりが強い存在に最大限の能力を引き出してもらっています。

自分のハートセンターの場所を確認する

動物と回線を繋げる場所を「ハートセンター」と呼びます。

ここを起点に動物と繋がり、メッセージの送受信を行います。

心と心（ハートとハート）でコミュニケーションをするのです。

ハートセンターの場所は、人それぞれで違います。

胸の中央、額の中央、頭頂部、喉、目と鼻の間、頬、手のひら……。

自分のハートセンターがどこにあるか？を確認しましょう。

ハートセンターの場所を確認する方法

1. 立ったままでも、座ったままでもかまわないので、
自分が心地よい姿勢で目を閉じて、深呼吸する
深呼吸と共にざわついたエネルギーを体外に吐き出す
同時にグラウンディングも行い、自分の中を大地のエネルギーで満たす
2. 目を閉じたまま、「愛する存在」を思い浮かべ、自然と笑顔になるのを待つ
3. 愛する存在を思い浮かべた時に身体のどこがどう反応するのかを感じる
頬がホワッと温かくなったり、お腹に妙な安心感が生まれてきたり……。

フワッと緩んだ場所があなたのハートセンターです。

自分の波動を上げる

コミュニケーションを始める前に、自分の波動を上げましょう。

ふだんから波動を上げる習慣がついている私でも、動物と話す前にはさらに波動を上げるように努めています。

私はエッセンシャルオイルを使って、時間をかけずに波動を上げます。

主に使っているブレンドオイルは、以下の3つです。

・**グラウンディング**　大地とのつながりを強め、グラウンディングを強化する
・**ヤングヴァラー**　エネルギーを鎮め、一瞬でサイキック、ヒーラー体質に変化する
・**ワイエルハーモニー**　動物の身体感覚や感情にシンクロナイズ（共鳴）する

（いずれもヤング・リヴィング）

動物と話すための5つのステップ

動物と話す方法は2通りあります。

動物が目の前にいる状態で繋がる**「対面コミュニケーション」**と、動物の写真を使って離れた場所から繋がる**「遠隔コミュニケーション」**です。

・**対面コミュニケーション**──対象の動物が目の前にいるため、行動やしぐさなどの視覚情報が多く、先入観や思い込みが入りやすい。
・**遠隔コミュニケーション**──目の前に動物がいない分、メッセージをスッと受け取りやすい。

「対面コミュニケーション」のほうが簡単そうに思えますが、慣れるまでは、自分のペットと話す場合でも、別の部屋か外出先から写真を使って繋がる「遠隔コミュニケーション」から始めることをお勧めします。

基本的な繋がり方や話し方の流れは両者とも同じですから。


ここでは、写真を使った「遠隔コミュニケーション」の方法を説明します。

まずは、ペットの写真を用意するところから始めましょう。

あなたのペットであっても慣れるまでは写真があったほうが繋がりやすく、できれば、カメラ目線の写真を用意してください。

ステップ1　落ち着く

心地よい時間帯や環境を見つけ、自分の中に「静かな場所」を作りましょう。

グラウンディングをして、自分の中に大地のエネルギーを満たします。

深呼吸をしてざわついたエネルギーを吐き出し、雑念を取り除きます。

どうしても雑念が止まらない場合は、意識の中にゴミ箱をイメージして、浮かんできた雑念をゴミ箱に次々と放り込んでしまいましょう。

しだいに気持ちがスッキリして、落ち着いた気分になれます。

ステップ2　繋がる相手を特定する

動物と繋がる時は、意識の中もしくは声に出して次のように言います。

「私は今から〇〇ちゃん（ペットの名前）と話します」

すると、動物と繋がるためにすべてのことが動き出します。

自分のペットではない、それまで全く面識のない動物と話す時は、飼い主さんの名前と住所、ペットの名前、写真で繋がることができます。

それまで面識がないのですから、繋がる相手を特定する必要があります。

その際は、写真を見ながら次のように言います。

「□□（住所）に住む〇〇さん（飼い主）が飼っているワンちゃんの△△ちゃんと、今から話します」

この3つの情報をインプットすれば、繋がる相手を間違えません。

例えば、「コロちゃんと話します」と名前だけで繋がろうとしても、「コロちゃん」という名前のワンちゃんはたくさんいます。

他のコロちゃんと間違えないためにも、飼い主さん情報に紐づけることが必要なのです。

ステップ3　繋がる

動物とメッセージを送受信するためのハートセンターを開きます。

ハートセンターを開く方法

1. 目を閉じて、大きく深呼吸する。
2. 意識の中で、「愛する存在」を思い浮かべ、
ハートセンターが緩むのを感じたら、その中に「愛する存在」を招き入れる。
3. ハートセンターを大きく開きたい場合は、
「サポートしてくれる存在」を招き入れる。
ハートセンターの入口がボン！　と広がるのが感じられる。

あとは、**「宣言（アファメーション）」**するだけです。

アファメーションとは「肯定的な言葉で宣言する」ことで、ポイントは、**あなたが望む状況、結果を「過去形」で宣言する**こと。

例えば、こんな感じです。

「私は強くて、たくましい人間です（エネルギーを高める）私は○○ちゃん（動物の名前）の心の声を、はっきりと聞くことができ、スムーズにコミュニケーションできました」


アファメーションは、あなたの願望を実現するためのサポートをしてくれます。

既に願望が実現していることを想像しながら宣言してください。

自動的にあなたの波動は上がり、潜在能力を発揮しやすい状況を作り出します。

その理由は、「言霊の力を使うから」です。

肯定的な言葉で宣言することで、あなたの周りにあるすべての波動が、実現化するために働き始めます。

言葉を発するだけで、エネルギーが「願望達成」に向けて動き出すのです。

これで、動物へ繋がるためのあなた側の準備は整いました。

ステップ4　話す

ハートセンターを開いたら、動物の名前を呼びかけます。

「〇〇ちゃん？」

しばらく待っていると、意識の中に、動物と目が合ったイメージや、こちらを意識している感覚、寝ているようだけど耳だけはこちらに向けているイメージ、話す気満々の「ワクワク」した感情……などを感じるようになります。

目を閉じたほうが感じやすいかもしれません。

動物の意識がこちらに向いているのを感じたら、コミュニケーションの許可を動物にもらいましょう。

たとえ自分のペットでも、いきなり一方的に話し出すのは失礼です。

「私と少しお話してくれる？」と尋ねましょう。

すると、**「うん！」**と率直に返事をしてくれる子もいますし、話を聞く体制を整えるためにきちんと座りなおす子もいます。

動物によって、**「コミュニケーションOK！」**の意思表示はさまざまです。

あとは、あなたが知りたいこと、疑問に思っていること……を聞いてみてください。

「こんなこと、わかるわけがない」と思わず、何でも尋ねてみましょう。

動物は私たち人間よりもいろいろ知っているので、ちゃんと答えてくれます。

ただ、知り合いのペットや友人宅の未知のペットと話す場合は、ステップ1～4を実践しても、たまに反応がない場合もあります。

警戒心が強い子、恥ずかしがり屋、怖がりの子、がそのケースです。

私がそういう子に話しかけるときは、事前に飼い主さんに

「今からShioriさんが話しかけるから、思っていることを全部話してね。

私、あなたのことをもっと知りたいから」

と口頭で動物に伝えてもらっています。

人間だって、いきなり知らない人から電話がかかってきたら「あなた、誰？」って警戒してしまいますよね？

あらかじめ状況を教えておいてあげれば、動物たちは安心して私に対応してくれます。

「コミュニケーションＯＫ」の意思表示をもらったら、**挨拶**から始めます。

たまに、挨拶なしに話し始める人がいますが、これはＮＧです。

名乗りもせずにいきなり質問を浴びせるような電話の相手に好意なんか持てないでしょうし、ましてや答えたくなどありませんよね。

人間社会のマナーを動物との会話にも応用してください。

挨拶をした後は、**自己紹介**をします。

「私は、あなたの飼い主さんの友だちのShioriです」

と自分と飼い主さんとの関係をしっかりと伝えましょう。

次に、話しかけた**目的**を説明し、コミュニケーションの**許可**をもらいます。

「ママが○○ちゃんに聞きたいことがあるんだって。お話ししてもいいかな?」

許可を得られたら、飼い主さんからの質問を動物に尋ねていきましょう。

ステップ5　繋がりを切る

会話が終わったら、動物と繋がっている回線を切る必要があります。

回線が繋がりっぱなしだと、お互いを干渉し続けてしまいます。

こちら側の想念、思惑、心配などを相手に送り続けることになります。

お互いを尊重するためにも、きちんと回線を切りましょう。

これを**「セパレーション」**と呼びます。

「セパレーション」はイメージの中で行うことが多く、例えば、こんな感じです。

・透明なカプセルに動物を誘導し、それを宇宙に返す

・心のドアを開けて動物を送り出し、姿が見えなくなったらドアを閉める

ただ、恥ずかしながら想像力が乏しい私にはこれも不向きでした。
なにしろ、グラウンディングですらすぐにできなかったくらいですから。
そこで、もっと簡単に動物との繋がりを切る方法はないか？
と考えついたのが**「瞬速！　2秒セパレーション」**です。

瞬速！　2秒セパレーションの手順

まず先に「〇〇ちゃん（動物）とセパレーションします」と言ってから、
1．ハートセンターをシュッと手で払って、動物との回線を切るイメージをする
2．パンパンと二度大きく手を叩く

セパレーション後に次のことを付け加えると、さらにリフレッシュできます。
・ストレッチで軽く体を動かす
・散歩する
・部屋の空気を入れ替える
・シャワーを浴びる

・水分を摂る
・軽く食べる
・服を着替える
・鈴（リン）を鳴らす

会話をしてくれた動物に「ありがとう」の気持ちを伝えることも忘れずに。

アニマルコミュニケーションの基本的な繋がり方【5ステップ】

STEP 1 落ち着く

グラウンディング

深呼吸

・心を静め、コミュニケーションに集中できる状態を作る
・自分の中の雑念やエネルギーのざわ付きを吐き出す

STEP 2 繋がる相手を特定する

コミュニケーションをとる対象を宣言する

【自分のペットと話す場合】

(例)「私は今から○○ちゃん（ペットの名前）と話します」

【他人のペットと話す場合】
・飼い主さんの名前と住所
・動物の名前
(例)「□□（住所）に住む○○さん（飼い主さん）が飼っているワンちゃんの○○ちゃんと、今から話します」

STEP 3 繋がる

アファメーション

愛する人、動物を思い浮かべハートセンターをオープンにする

【アファメーション例】
「私は強くて、たくましい人間です（エネルギーを高める）
私は○○ちゃん(動物の名前)の心の声をはっきりと聞くことができ、スムーズにコミュニケーションできました」

STEP 4 話す

呼びかけ

待つ

自己紹介→コミュニケーションの目的説明→許可

・今から話をする動物の名前を呼ぶ。「○○ちゃん？」
・その動物と目が合ったイメージ、感覚を感じたり、その動物の意識が自分に向く感覚を感じたりした時、相手の動物からのコミュニケーションOKのサイン
(例)「私、ママのお友達で○○って言います」

「ママが○○ちゃんに質問したいことがあるんだって」

「今、少しお話ししてもいいかな？」

STEP 5 切る

セパレーション

・動物にお礼を言って、自分を切り離す

習得の途中で挫折しないための5つのコツ

アニマルコミュニケーションのスキルを習得する練習の途中で挫折しないためには、いくつか「コツ」があります。

【コツ1】Be Simple（シンプルであれ）

自分をシンプルに保つ

動物のメッセージはとても繊細です。

それらを受け取るためには、自分の中の雑念や先入観、落ち着かないエネルギーなどを取り除く必要があります。

物質的にシンプルに生きる

整理整頓をし、掃除をし、最小限のものに囲まれて暮らす。

自分自身を生きる

多くの人は、「他人の目」を気にして、「他人の評価」で作られた「自分」を生きているように感じます。

そうすると、自分の中が他人の「概念」や「先入観」に占領されてしまいます。

そのような状態で、繊細な動物のメッセージをクリアに受け取ることはできません。

自分を生きましょう。自分を生きることで、他人によって作られた不要な概念や先入観が解放されていきます。

そうすると、自分がどんどんシンプルになっていくのを感じるでしょう。

自分自身に戻るための方法をいくつか例をあげます。

1．自分がしたいことを選択し、行動を起こしてみる

この世の中で生きていく上で、自分がやりたいことだけをするのは厳しいかもしれませ

んが、「こうしたい！」と思ったことを一つずつこなしていくことは難しくありません。

2. 自分と向き合う時間を取る

1日に1分でもいいので、目を閉じて自分自身に意識を向けてみてください。

自分の中に、色々な感情や想いがあることに気づくでしょう。


「1」「2」を意識的に、日常に加えてみてください。

短期間で変化を実感できると思います。

他人から「自分」を評価されても、聞き流せるようになります。

思考を減らす

思考（考えること）が減れば、雑念や先入観が溜まることはありません。

思考を減らすには、「自分の感覚に沿って決断する」ことです。

何かを決断しなければならない時、ウキウキした感覚が湧いてきたらGOサイン。行動を起こしましょう。

「モヤモヤ」「ズーン」といった沈んだ感覚を覚えたら、NOと決断しましょう。

決断する際に、私たちはつい条件を考えがちです。するとと思考が動き始めてしまいます。

そうならないためのコツは「条件を考えず、自分の感覚で決断すること」。とは言っても、大事な決断を感覚に頼るのはちょっと……と不安かもしれません。まずは、誘われた飲み会や、お付き合いのランチあたりから始めてみてはいかがでしょうか？

これに慣れてくると、自分の中にスペースができてスッキリ感じていることに気づくでしょう。

【コツ2】Relax（リラックスする）

リラックスすることで、あなたの「ハートセンター」の入口が緩み、大きく開きます。P94〜でご紹介した「サポートしてくれる存在」も入りやすくなります。

そうすると動物からのメッセージも受け取りやすくなります。

たまに、眉間にしわを寄せて一生懸命、会話しようとする人がいますが、そういう人は、ハートセンターが固く閉じているはずです。

眉間にしわを寄せがちな人は、目を閉じてみてください。

ハートセンターが開き、自分の中のエネルギーを感じやすくなるはずです。

慣れてくれば、目を開けたままでもできるようになります。

私はときどき生徒さんたちに、「一杯お酒を飲んでからやってみたら？」とアドバイスします。それくらい、リラックスしたほうがいいということです。

【コツ3】No Pressure（プレッシャーを感じない）

「もし、受け取ったメッセージが間違っていたら？　と緊張します！」

「動物と話す自信がありません！」

「もし、動物が話してくれなかったらどうしよう？」

と生徒さんが心配する声をよく聞きます。

でも、何事もやってみないとわかりません。

「最初だもの、できなくて当たり前！」

くらいの心持ちで、未知の経験を楽しんでください。

【コツ4】No Competition（他人と比べない）

「あの人はツーカーで話せているのに、私はまだそれほど話せない……」

「あの人は映像を受け取れているのに、私には見えない……」

他人と比べたところで、自分がどんどん落ち込むだけです。

マイペースで続けていきましょう。

【コツ5】Support（一人で頑張らない）

アニマルコミュニケーションを一人で習得しようとすると、ほとんどの人が挫けてしまいがちです。

そうならないためには、一緒に学ぶ仲間やグループを作るのがお勧めです。

仲間同士で情報交換をしたり、励まし合うことで、不安や悩みが軽減します。

私も、ワークショップの同級生と情報交換をしたり、同じ動物と会話して、受け取ったことを照らし合わせたりしていました。

こうした仲間がいたおかげで、私も挫けずに頑張れたんだと思います。

なお、もっと効率的に習得するには、直接、専門家の指導を受けるのもいいでしょう。

アニマルコミュニケーションを学ぶところは全国各地にありますから、自分に合いそうなところを探してみてはいかがでしょう。

私が人の3倍の速さで上達した秘密

プロ養成コースに通っていた時、スクールの創設者からこう聞かれました。

「他の人が5年かかるスキルを1年半ほどで習得しました。Shioriさんは何か特別なことをされたんですか？」

でも、その頃の私はただひたすら学んでいただけなので、何か特別なことをした覚えはありませんでした。

そこで、あらためて「私がやっていたこと」を振り返ったものが次の5項目です。

①波動を上げる（塗る、聴く）

波動を上げる（＝自分の中にスペースを作る）ことを、とにかく意識しました。

そのために次の二つは毎日継続していました。

・就寝時に瞑想CDを聴く

・エッセンシャルオイルを日常的に使う

また、直感を信じて結論を出し、行動することも心がけました。

②使えるものは何でも使う（身につける、持ち歩く）

波動を上げるには、努力だけで頑張らず、いろいろな道具を使っていいと思います。

ペンデュラム、パワーストーン、お守り、オルゴナイト、エッセンシャルオイルなど道具の力を借りて上げた「波動＝テレパシー能力」は、やがて自分のスキルとして定着します。

③グラウンディングとアファメーションを徹底して実践する

自分の中をポジティブなエネルギーで満たすことは大切です。

グラウンディングするだけで、アファメーションするだけで、それが実現するなら、徹底的にやったほうがいいでしょう。

④レイキの伝授を受ける

「レイキ」とはエネルギーヒーリングの一種で、ヒーラーを通して、宇宙エネルギーを第三者へ送ることができます。

「レイキの伝授」とは、宇宙エネルギーを通すパイプを自分の中に通す「儀式」のようなもの。

この伝授を受けることで、宇宙エネルギーを自分の中に取り入れ、ヒーラーの手のひらを通してエネルギーを第三者へ送れるようになります。

「伝授」さえ受ければ、レイキは誰でも使えるようになります。

使えば使うほど、あなたの中のパイプが太くなり、エネルギーを取り込んだり送り出したりする量が増えます。

あなたの低い波動も一気に高まり、高い波動として定着します。

いままで多くのアニマルコミュニケーターを育ててきましたが、**レイキの伝授を受けた人のほうが動物からのメッセージを受け取りやすく、上達も速い**ようです。

⑤練習をこなす（経験する）

経験なくして、自信はつきません！

逆に、経験を積めば自信はつきます。


私がプロ養成コースに通っていた頃、こんな課題が出されました。

「20匹の動物とコミュニケーションをして、レポートを提出せよ」

幼少の時から、自己肯定ができないタイプだった私は、「人よりも劣っている分、人の3倍は努力しよう」と決め、20匹と言われたレポートを、なんと！　84匹分も提出したのです。


動物と話したくて必死だったんですね。

私がもう一つ徹底したのが**「答え合わせ」**です。

動物から受け取った情報やメッセージのすべてを、飼い主さんに答え合わせしてもらいました。

最初は、「間違っていたらどうしよう……」と正直怖かったし、答えがはずれて落ち込んだこともあります。

でも、少しずつ正解が増えていくことで、自信が持てるようになります。

それは、そのまま自分自身への信頼にも繋がります。

私は常に、「効率」と「最高の結果」を求めます。

それを追求して見つけ出したメソッドを、今、生徒さんたちに教えています。

それによって、ほとんどの生徒さんたちが、私が1年半かけて達成したレベルまで、3か月ほどで達成しています。

アニマルコミュニケーションでやっていいこと、いけないこと

動物と話せるようになると、いろいろな動物と話したくなるものです。

そして、「アニマルコミュニケーションができる」と友人たちに話すと、「すごい！」と言って、興味本位にいろいろ質問してきます。

時には「今、やってみてよ」と言われることも……。

でも、待ってください。それって、動物をリスペクト（尊重）していますか？

以下に、自分のペットはもちろん、それ以外の動物と話す場合にも、みなさんに最低限知っておいていただきたい「アニマルコミュニケーションの基本ルール」をまとめました。

ルール1　飼い主さんに頼まれた時だけ動物と繋がる

動物と話せるようになると、目に入る動物全部と話したくなるものです。

でも、飼い主さんの許可なしに繋がることはできません。

なぜなら、動物から受け取ったメッセージはすべて飼い主さんに伝えなければならないからです。

話してくれたことを飼い主さんに伝えなかったら、動物も悲しみます。

「せっかく話したのに伝えてくれないの？　何のために話したの？」

一方で、こんな質問もよくされます。

「野良イヌや野良ネコは飼い主がいないから話してもいいですか？」

答えは「NO」です。

たとえ飼い主がいない動物でも、勝手に繋がってはいけません。

もしかしたら、その野良イヌ、野良ネコからのSOSがあるかもしれません。

それを聞いてしまった時、あなたは責任を持って対処できますか？

さんざん話を聞いた後で「ごめん、助けられない」と見捨てるくらいなら、最初から繋がってはいけないのです。

人間と動物の信頼関係を、あなたの「興味」だけで崩すのはやめましょう。

ルール2　体調不良の時はまず獣医さんへ連れて行く

「ご飯を食べないし具合も悪そうだから、体調を聞いてもらえますか？その結果しだいで、動物病院に連れて行くかどうかを決めます」

という飼い主さんがいます。でも、アニマルコミュニケーションが獣医師の診断の前になってはいけません。

獣医師の診断を受けた上で、動物から

「飼い主さんにしてほしいことは何？」

「どこがどう痛いの？」

「どんなご飯だったら食べられそう？」

などを聞き出すのが、アニマルコミュニケーションの役割です。

ルール3　受け取ったメッセージは口外しない

動物はあなたを信頼して、真実を語ってくれるのですから、そこで聞いた話を他の人にベラベラ話してはいけません。

私たちだって、自分が話したことが他人の耳に入るのはイヤですよね？

アニマルコミュニケーションは、「カウンセリング」だと思ってください。

動物にとっても、「守秘義務」は必要です。

ルール4　あなたの意見や思考を入れない

「こうしたほうがいいですよ」

「たぶんこういう意味だと思います」

と、飼い主さんへアドバイスする方が時々いますが、それ、不要です。

あなたの意見や提案が入ると、純粋なアニマルコミュニケーションになりません。

飼い主さんには動物のメッセージをそのまま伝え、判断は飼い主さんに委ねましょう。

ルール5　おごらない

アニマルコミュニケーションをすると、動物の問題行動が解決したり、飼い主さんと動物の関係がよくなったり、といろいろな変化が起こるものです。

でも、あなたは動物の言葉を翻訳して、飼い主さんに伝えただけです。

問題を解決するために行動を起こしたのは、動物と飼い主さんです。

あなたが凄いことをしたわけではありません。

おごり高ぶらないようにしましょう。

第4章
動物とどんな話ができるの？

飼い主さんから いちばん多い質問は…

「うちの子は我が家に来て幸せでしょうか？」


アニマルコミュニケーションを依頼される方の約9割がこの質問をします。

すでに何年も一緒に暮らしているのに、です。

客観的に見ても相思相愛の様子なのに、です。

それでも多くの飼い主さんは何年も心配し、悩み、モヤモヤしているのです。


「何か改善してほしいことはある？」

「ベッドの位置はどこがいいの？」

「どのおやつが一番好きなの？」

「ご飯はドッグフードと手作り食のどっちがいいの？」

「何をしている時が一番幸せなの？」

「お散歩する時はどこに行きたいの？」

「同居犬（猫）の○○ちゃんのことをどう思ってるの？」

「お留守番している時は何をしているの？」

「お洋服を着るのは好き？」


でもこれは、アニマルコミュニケーションで一気に解決します。

動物についての心配事は、動物本人に聞いてしまえばいいのです。

飼い主さんは、その要望を知って適切に対処すればいいのです。

そうすれば、動物とのストレスフリーな暮らしを楽しめます。


そして、飼い主さんと動物の絆を深める質問が、次のものです。


「私のこと、どう思ってる？」

「私に伝えたいメッセージは何？」

動物の体調と感情を確認する方法

動物たちに元気がなかったり、鳴き続けていたりすると、飼い主さんは心配になりますよね。

「どこか具合が悪いの？　痛いの？」

「何か不満があるの？　やってほしいことがあるの？」

そんな時は、アニマルコミュニケーションのスキルを使って、「体調」と「感情」の両方を確認することができます。方法は2つです。

- **動物に直接聞く**
- **自分の身体を使って、動物の身体と感情をスキャンする**

動物に直接聞く

会話を通して動物に事情を聞く方法です。

「もう2日も食べてないよ？　どこか悪いの？　それともこのご飯がキライ？」

「なんで鳴き続けてるの？　理由を教えてくれる？」

と尋ねると、動物からちゃんと返事があります。

「昨日からお腹の調子がよくなくて、ご飯食べたくない……」

「エネルギーがあり余っているから、思いっきり走りたい！」

「ママが全然相手にしてくれないから寂しい（拗ねてる）んだ。だから呼ばれたってママのところには行かないもん！」

でも、ときどき動物は本心を隠します。

「お腹が痛いって言ったら、病院に連れて行かれちゃう（イヤだ！）」

「胸のあたりがムカムカするからご飯食べられないんだけど、ママが心配するからなぁ（隠しちゃおう……）」

そこで役に立つのが、ボディスキャンのスキルです。

自分の身体を使って、動物の身体と感情をスキャンする

「左後ろ足のつけ根が痛い」「目がシバシバする」「耳の奥がかゆい」「お腹にガスが溜まっているみたい」「左胸に圧迫感を感じる」……

動物のこうした身体感覚を、自分の身体の中で感じ取ります。

動物が現在感じている感覚をそのまま受け取るので、言葉より明確で、誤解がありません。

動物にしても嘘がつけないし、隠せません。

ボディスキャンは動物の身体感覚だけでなく、同時に感情も確認することが可能です。

以前、こんなことがありました。

近所に住む女性が飼っているパグは糖尿病で、一日2回インスリンを注射し、薬を飲み、病院にも頻繁に通っていました。

よろけながらも一生懸命歩いている姿を見かけましたが、日に日に痩せていき、足取りもおぼつかなくなっていました。


ある日、その女性が深刻な表情で我が家を訪れました。

「今日、動物病院で安楽死を提案されてしまったの。もう私にはどうしたらいいかわからない。Shiori！　うちの子に繋がって、どうしたいか訊いてみて！」

ところが、パグに繋がった瞬間、

「きっと、かなり弱っているに違いない」

という私の想像（先入観）は打ち砕かれました！

ガリガリに痩せた弱弱しい身体からは想像もできないくらい
エネルギッシュな意識が飛び込んできました。

生きる力に満ち溢れた感覚が伝わって来たのです。

「あのね、あなたについて獣医さんから安楽死を勧められて、ママがパニックを起こしているの。あなたはどう？」

質問の途中から、パグは「**えぇぇぇぇぇぇぇ〜!?**」と驚いていました。

「何を言ってるの？　ボクは元気だよ！　毎日楽しく暮らしてるよ。肉体を離れるなんてこれっぽっちも考えてないよ！」

この子はまだ、肉体を離れる準備ができていない。

それどころか、しっかりと生きようとしています。

そのパグの意思を伝えたところ、飼い主さんは覚悟を決めました。

「この子にまだ生きる気持ちがあるなら、私も一緒に戦うわ！」

飼い主さんは、さっそく新たな治療法やサプリメントを調べたり、セカンドオピニオンを求めて別の動物病院を探し始めました。

パグの本心が、飼い主さんに新しい行動を起こす力を与えたのです。

結局そのパグは、飼い主さんの努力のかいもあって、日に日に元気になり、体重も増え、1年半以上も生き続けました。

体調や感情は、見た目や診療結果だけで判断せず、動物本人に確認しましょう。

ボディスキャンの手順

①目を閉じて、深呼吸する
②自分の身体の違和感や痛みを前もって把握しておく
③深呼吸で吐き出す息とともに、自分の身体の痛みや違和感を体外へ出す。できるだけ、自分の身体を空っぽの状態に近づける
④「今から私の身体を使って、○○ちゃん（動物）のボディスキャンをします」

と言う

⑤頭から足先に向けてスキャナーをゆっくりと下ろしていくイメージで、光が照射される各所の身体の感覚、動物の感情を感じ取っていく

⑥「これで、○○ちゃんのボディスキャンを終わります」と言う

その後、通常のコミュニケーションに戻ってください。

もし、⑤のイメージングが苦手な方は、①～④まで行った後、自分の身体全体に伝わる反応を感じ取る方法でも構いません。

私は隅々まで確認したいので、スキャナーを下ろすイメージを推奨しています。

私の生徒さんたちには、「痛みの程度」や「原因」、「飼い主さんができること」まで確認することを教えています。

動物のうっぷんを発散してあげる

私がセミナーに通い始めたころ、アニマルコミュニケーションとは、飼い主さんの疑問に対する答えを動物から聞き出すことが最重要だと思っていました。

でも、動物たちと話していくうちに、それ以上に重要な役割があることに気づきました。

それは、**「動物のうっぷん晴らし」**です。

多くの動物が飼い主さんに伝えたいメッセージを抱えています。

でも、それを訊いてくれる人もいなければ、伝える術もありません。

ずっと、そういったもどかしさや焦りを心の中に抱え込み、吠えたり、甘えたり、熱い視線を送って、気づいてくれるのを待っています。

つまり、伝えたくても伝えられないうっぷんが溜まっているのです。

そこに、自分の想いを理解してくれて、話を全部聞いてくれ、それを飼い主さんへ伝えてくれる存在が現れたら……

多くの動物たちは、今まで溜め込んできた想いを一気に吐き出します。

たった1回のアニマルコミュニケーションで、動物たちもスッキリ大満足です。

多くの飼い主さんは、一年に一度、愛する我が子の健康診断で動物病院を訪れるでしょう。

動物の心のメンテナンスも定期的にしてあげましょう。

それだけでも、動物たちの表情や行動は変わってくるはずです。

飼い主さんとペットが「ストレスフリー」で暮らせるようになるでしょう。

問題行動は「しつけ教室」では解決しない

動物の問題行動が治まらない時、多くの飼い主さんは動物を「しつけ教室」に連れて行きます。

ところが、しつけ教室ではきちんと指示に従うのに、家に帰ってくると元に戻ってしまう……そんな経験ありませんか？

動物は頭がいいので、しつけ教室で覚えたことはやろうと思えばできます。

ただ、根本的に本人が「やらない」「やりたくない」と思っていたら、飼い主さんの指示には従いません。

動物も意志を持っています。

つまり、問題行動を起こす背景には必ず「理由」があるのです。

その「理由」を無視して「しつけ」を強要しても、解決には至りません。

ある日、電話でこんな相談がありました。

「来客のたびに、ワンちゃんがお客様に吠えて困っているんです。止めるように言ってくれませんか？」

ここで皆さんに知っておいていただきたいのは、

私たちアニマルコミュニケーターは動物に対して、一方的に「～してはいけない」という指示は出せない、ということです。

その代わり、「なぜ、来客に向かって吠えるのか？」の理由を聞き出し、「どうすれば止めるのか？」の解決策を動物に尋ねることはできます。

飼い主さんからいろいろ情報を聞き出した上で、このワンちゃんに繋がった時、まず伝わって来たのが強い目力でした。

正義感が強く、**「家族を守るんだ！」**という強い意志が伝わってきます。

そうです、このワンちゃんの頭の中には、「家族を守る＝吠えて威嚇する」という行動がインプットされていたのです。

吠える理由が「家族を守るため」とわかりました。

問題は、守り方が間違っているということです。そこで私は、

「家族を守るのに、吠える必要はないんだよ。
お客様は敵じゃないし、危害を加えたりしないよ。
心配なら、ママの傍にピッタリついて、ママの表情やお客様の行動を見ててあげればいいんだよ」

と「正しい家族の守り方」を伝え、次のような**映像**をワンちゃんに送りました。

玄関の呼び鈴が鳴る
↓ママと一緒に玄関に行く
↓お客様が玄関に入ってきたら、ママの足元でお座り
↓ママとお客様の様子をじっと見守る

ワンちゃんとの会話を終えると、すぐに飼い主さんから連絡があり、さっきまで来客に向かって吠えていたのがピタッと止まったそうです。

さらには後日、私が送った映像どおり、お母さんの足元にお座りするようになった、との報告がありました。

すべてのケースがこんなにすんなりと解決できるわけではありませんが、問題行動をなくすために、その「理由」を聞き出すのは大事なことです。

もちろん「しつけ教室」が必要なケースも多くあります。

「本人に悪気があるわけではなく、人間社会のルールを知らないだけ」といったケースです。

例えば、散歩の途中で人を見るたびに飛びかかろうとする、少し大きめの雑種のワンちゃんがいました。

飼い主さんはその都度、リードを強く引っ張らなければなりません。

噛みはしないのですが、相手は驚くし、怪我でもさせてしまったら大変です。

飼い主さんは困り果て、楽しいはずの散歩がストレスになっていました。

そこでそのワンちゃんに繋がってみると、**「人が好きで好きでたまらない！」**という感情が飛び込んできました。

だから、その想いを抑えきれず、人をみるたびに飛びかかるんだ、と。

悪気もなければ、飼い主さんが困っていることにも本人は気づいていませんでした。

私が説明しても、**「えっ？　なんでダメなの？」**という返事。

はじめて会った人にどう接すればいいのか、知らないだけでした。

こういう場合は、しつけ教室でしっかりとルールを教える必要があります。

そして、飼い主さんもペットの制し方を学びましょう。

動物たちは、ちゃんと教えてあげれば学びます。

ただ知識と経験が必要なだけです。

迷子捜索の7割は意思のある「家出」

アニマルコミュニケーションで迷子になったペットを探すこともできます。
テレパシーで次のような確認をするのです。

・感情の確認（怯えている、ワクワク、リラックス　など）
・現状の確認（ケガはないか？　お腹はすいているか？　室内か室外か？　など）
・迷子になった理由の確認
・見える景色の確認（捜索に有効な目印を見つけるため）
・地図上で動物のエネルギーを確認（ある程度の捜索範囲が絞れる）
・帰り道がわかるか否かの確認

そして、もう一つ、私が必ずペットに確認することがあります。

本当に「迷子」か？
それとも「家出」か？

私の経験上、残念ながら**捜索依頼の約7割は「家出」**です。

ペットたちは、自分の意思で家を出ています。

飼い主さんは当然、ペットを「見つけ出す」「連れ戻す」ために、捜索を依頼してきます。

単なる迷子なら、捜して見つけ出せば、それで一件落着となりますが、家出の場合には「なぜ出ていったのか？」の理由がまず重要ですし、飼い主さんがその「理由」に対処するような改善しないかぎり、家出した動物たちは家に戻ってきません。

でも逆に、飼い主さんが改善の為の行動を起こすと、動物たちは自分から家に帰ってきます。

なぜ動物たちはその場にいないのに、「飼い主さんが自分の訴えを受け止めて改善した、しない」がわかるのでしょうか？

それは、動物がテレパシーで飼い主の思考、行動を把握しているからです。

飼い主が起こす変化を、遠くからでもキャッチできるのです。

ある日、家から逃げ出したネコちゃんの捜索依頼が入りました。

繋がってみると、家出でした。

「ママがいつもパパにイライラしている。言いたいことがたくさんあるのに、しゃべらないんだ。話せばいいのに！」

家の中に充満している「不調和音」のエネルギーが私にも伝わってきました。

たしかに、逃げ出したくなるような雰囲気です。

ネコちゃんは、その状況にいたたまれなくなって「家出」したそうです。

飼い主の心配をよそに、本人は非常に落ち着いていて、涼しいコンクリートで囲まれた建物の下でくつろいでいました。

地図でその子のエネルギーを捜索すると、隣の団地で強い反応がありました。

ネコちゃんが見ている景色と、エネルギーを感じたあたりの地図を送ったところ、飼い主さんは「どこにいるかわかりました！」とさっそく探しに行きました。

でも、簡単に見つかるわけがありません。

なぜなら、ネコちゃんはそれなりの理由があって、家出したのですから。


その日、ネコちゃんを見つけることができなかった飼い主さんは、翌日、なんと！　私が伝えた場所に捕獲機を設置したのです。

結局、ネコちゃんはまんまと餌につられて、捕獲されてしまいました。

飼い主さんからは御礼のメッセージが届きました。

でも、私の中ではひっかかることが……。

それは、飼い主さんがネコちゃんの要望を無視していることです。

「家庭内不和」は解決していません。

案の定、一週間後にネコちゃんは再度「家出」をしてしまいました。


このように、「家出」の場合はその理由をしっかりと受け止め、何らかの改善をすることが飼い主に求められているのです。

動物は、飼い主にメッセージを伝えるためならどんな手でも使うのです。

ペットシッターを我が子（動物）に選ばせる

私たち夫婦は旅行に出かけるたびに、留守中のペットの世話をペットシッターにお願いしています。

その対応には2タイプあります。

・**訪問型**―毎日飼い主の家を訪問し、散歩とご飯、トイレパッドの交換、朝晩1時間ずつの遊び、などをする。

・**お泊り型**―ペットシッターの家で預かり、家族の一員として面倒を見る。

ペットシッターを決める時は、

・シッターと面談

・シッター宅の安全面の確認
・シッターの他のワンちゃん預かり情報
・シッターと我が子（動物）との相性
などをチェックし、面談の際には預けるペットも連れて行きます。

そして、帰宅してから我が子（動物）に尋ねます。

「今回のシッターさんはどう？」

私の愛犬くぅちゃん（♂）の場合は、大げさなくらい甘やかしてくれる、若くて、可愛いシッターさんが好みでした。

なぜなら、私と一緒の時は
「カッコいい、頼りになる、強いくぅちゃん」でいなければならなかったので、シッターさんに預けている間は、くぅちゃんにとっては「お休み」期間だったのです。

ですから、神経質に「あれやっちゃダメ！　そこに行ったらダメ！」とうるさく指図するシッターさんは好みではありませんでした。

シッターさんとの相性が悪いと、ペットたちは、脱走したり、ご飯を食べなかったり、部屋の隅でうずくまったりして、不満を訴えます。

ペットシッターに依頼する時は、ペットの希望を確認してからにしましょう。

闘病中のペットのためにできること

獣医師の診断後に、アニマルコミュニケーションでできることがあります。

例えば、血液検査で病名や数値がわかった後、「どこが痛いのか？」「何が苦しいのか？」は、ボディスキャンで確認できます。

食欲がなく、ご飯を食べてくれないのなら、その理由を聞けます。

「何を食べたいか？　何なら食べられるか？」がわかれば、適切に対応できます。


「（飼い主さんに）してほしいことは何？」

は、闘病中のペットに必ず聞く質問です。

自分にやれることがはっきりすることで、飼い主さんは落ち着きます。

飼い主さんが落ち着けば、ペットたちも落ち着いて静養できます。

「冷たい氷水が飲みたい」

「暑いから窓を開けて風を通してほしい」

「背中をマッサージしてほしい」

「トイレをベッドの近くに置いてほしい」

など、動物はいろいろな「してほしいこと」を伝えてくれます。


私の愛犬くぅちゃんの魂は2019年の夏に肉体を離れ（亡くなり）ました。

でも、闘病中にあらゆることを話していたので、後悔はありません。


魂が肉体を離れる1週間前、ふと、くぅちゃんと話そうと思いました。

肉体がかなり弱っているのは、目に見えてわかりました。

そして、**「私と一緒にしたいことある？」**と質問すると、くぅちゃんから一つの映像が送られてきました。

私が運転する車の助手席にくぅちゃんが座って、窓から入ってくる風に気持ちよく吹かれているシーンです。

　私はすぐに、くぅちゃんを車に乗せてドライブに出かけました。

　そして、肉体を離れる前日、あんなに食いしん坊だったくぅちゃんが、食べ物を拒否しました。

「いよいよか……」と思いました。

　ところが、**「最期に何が食べたい？　何だったら食べられる？」**と聞くと、ボン！とチキンの丸焼きのイメージが飛び込んできました。

　私はすぐにスーパーへ向かいました。

　そして、チキンの丸焼きを美味しそうに食べた翌日、くぅちゃんは旅立ちました。

コミュニケーションを続けながらペットを看取ることで、
飼い主の後悔は大幅に軽減できます。
ペットの闘病中のストレスも、できるかぎり取り除けるのです。

肉体を離れた魂との会話（亡くなった子との会話）

アニマルコミュニケーションは、肉体を離れた動物の魂と繋がることも可能です。

私はこの依頼が来ると、飼い主さんの悲しみをできる限り癒やすために、まず、ペットの魂の現在の状態を細かく見ます。例えば、

・無事に魂の世界に辿りつけたか？
・今、魂はどんな場所にいて、そこで何をしているのか？

動物たちが見せてくれる魂の世界はそれぞれ違います。

・真っ白な雲の絨毯と青空が広がる「天国」のような空間
・宇宙にいるような真っ暗で真空の無音の世界（とてもやすらぐ）
・いつもどおりに過ごしている家の中

・生前の飼い主さんとの思い出の場所
・無色透明のエネルギーの世界で、自分も透明な状態で同化している様子……。

そこで何をしているかは、魂によってさまざまです。
・思いきり走り回っている子
・魂の世界から家族を見下ろしている子
・飼い主さんの傍にずっと寄り添っている子
・すでに次の生まれ変わりの準備に取りかかっている子
・他の魂と一緒にいる子……。
その様子を細かく伝えてあげることで、飼い主さんは安心します。

「この子はもう苦しんでいないのね、よかった」

「魂の世界で寂しい思いをしていないのね」

次に、飼い主さんが後悔していることについて、ペットの本音を聞き出します。

飼い主さんが後悔を抱え続けると、「ペットロス」に陥ってしまうので。

「一人で逝かせてごめんね。寂しい思いをさせてごめんね」

動物は、意図的に一人で肉体を離れることを選ぶこともあります。肉体を離れる瞬間を飼い主さんに見せたら、立ち直れないとわかっているから。もしくは病院という場所をわざと選ぶ動物もいます。できるだけ苦しさを軽減するために。

「手術はしないほうがよかったかな。私の判断は間違っていたかもしれない」

ペットは飼い主さんの判断を全面的に受け入れることがほとんどです。飼い主さんが全身全霊で自分のことを想って悩んだ挙句、出した結論であることを知っているから。

それでも、とくに「安楽死」を決断した飼い主さんは、立ち直るまでに時間がかかることが多いようです。

そんな時は、魂が肉体から離れる感覚を飼い主さんへ伝えるようにしています。苦しまずに旅立てたこと、痛みから解放されたことに

「ありがとう!」と感謝を伝えるペットもいます。

飼い主さんが聞きたいことに対して動物たちは何でも答えてくれます。気持ちがすっきりするまで、動物に聞いてください。

・遺灰はどうしてほしい?
・お供え物は何がいい?
・生前楽しかった思い出は何?
・新しい子を迎えようと思うんだけど、どう思う?
・たまには家に遊びに来てくれている?
・あなたが私の傍にいる時の合図を教えて。

「生まれ変わったら、また私のところに戻ってきてくれる?」

これも多くの飼い主さんが知りたいところでしょう。
すぐ生まれ変わってくる子もいれば、しばらく魂の状態のままで戻ってこない子もいます。

生まれ変わっても、飼い主さんの元へ帰ってこない子もいます。

こんなことを聞かされたら、悲しくなりますよね。

でも大丈夫。帰ってこないのには、それなりの「理由」があるからです。

しかも、とても前向きな理由です。

それを聞いたら、飼い主さんも笑顔で動物を応援してあげられるでしょう。


例えば、あるネコちゃんの今世での使命は、

「愛されることを体験すること。人間の愛で満たされること」でした。

これは、前世で誰からも愛されることなく、愛情飢餓の状態のまま寂しい終わり方をしたことが基になっています。

そして今世は、愛情をたくさん注いでくれる飼い主さんと暮らすことで、このネコちゃんは愛に満たされた一生を終えることができました。

ネコちゃんの今世の使命は達成されたのです！

それによって、このネコちゃんの魂は1段階ステップアップします。

今世で愛情に満たされたネコちゃんは、来世で今度は愛情を注ぐ立場になるのです。

ですから、おそらく寂しさを抱えている飼い主さんを選ぶことになるでしょう。

愛情に満ちた暮らしを与えてくれた今世の飼い主さんの元へは戻ってきません。

でも、これはネコちゃんの魂が成長したという結果ですから、心から「おめでとう、よく頑張ったね」と祝福してあげてください。

「今度はどんな動物で、どんな姿で戻ってくるの？」

もし同じ飼い主さんの元に生まれ変わるとするなら、こんな疑問も湧くでしょう。

でも、イヌが再びイヌで生まれ変わってくるとは限りません。

ネコだったり、鳥だったり、熱帯魚だったり……動物は、飼い主さんのことも考え抜いた上で生まれ変わってきます。

「生まれ変わってくるならいつ頃？どうすればあなたの生まれ変わりだとわかるの？」

すでに次の生まれ変わりの準備が済んでいる子は、だいたいいつ頃生まれ変わってくるか、を答えてくれます。

どういう場所で、どういうふうに出会うかを見せてくれる子もいます。

ときには、「探さなくていいよ。ボクがそっちに行くから」と言う子もいます。

生まれ変わる時、動物はどんな方法ででも飼い主さんの元へ滑り込んでくるのです。


私はかつて、「白色の、小さい、女の子の、チワワ」を探していました。

でも、実際に飼ったのは「黒色で、デカチワワで、男の子」のくぅちゃんでした。

頭の中で思い描いていた条件とは正反対であっても、くぅちゃんはしっかりと私の元に滑り込んできたのです。

施設で保護されているイヌやネコのためにできること

私は4年以上、ハワイ最大級のアニマルシェルターで、週一回のボランティア活動を続けています。

アニマルコミュニケーションとレイキのスキルを使って、主に保護犬たちのケアを行っているのです。

・長期間新しい家族が決まらない子
・新しい家族に引き渡されるために表に出てきて怯えている子
・興奮して人が近寄るたびに飛びつく子
・怖くて訪問者に吠えてしまう子

など、さまざまな境遇の動物たちと繋がると、私の落ち着いたエネルギーに同調して、今まで興奮したり、恐怖におびえていた動物たちが急に落ち着いてきます。
さらに、ほとんどの動物が私に寄りかかってスヤスヤ寝始めます。
頼れる誰かが傍にいるだけで、彼らは安心するのです。
そうやって落ち着いたら、アニマルミュニケーションの開始です。

動物の性格を知る

そのワンちゃんの性格を知ることがすべての始まりです。

状況を説明する

ここ（アニマルシェルター）が安全な場所であること、ここにはあなたの世話をしてくれる優しい人ばかりであること、新しい家族を見つけるためにここにいること　など。

現状を把握する

ワンちゃんの状況（怯えている、攻撃性がある、挙動不審など）に応じて、それぞれの「理由」と、それらに対しての「要望」を聞き出し、スタッフ間で情報共有します。

他のイヌ（ネコ）と過ごせるか？　子どもは好きか？　などを確認する

甘えん坊の子は、多頭飼いより一頭だけで可愛がってもらえる家が向いていますし、ネコが怖いイヌは、ネコがいない家が適しています。

静かに過ごすのが好きなイヌは幼児が苦手です。

あとは、ワンちゃんたちが話したいことをとことん聞いてあげます。

話を聞いてあげることで、ワンちゃんたちは癒されていきます。

以前の飼い主さんのことを延々話し続ける子もいます。

自分の居場所がわからず、寂しさと困惑を訴えてくる子もいます。

人間が大好きなのに、誰も相手にしてくれないと嘆く子もいます。

これまでの経験から、私は「魔法の質問」を見つけ出しました！

あっという間に新しい家族が見つかるその質問は、これです。

「あなたは今後、どんな家族と、どんな暮らしをしたいの？」

この質問を投げかけると、ワンちゃんたちは次々と、理想の家族、環境、やりたいこと……などの映像を私に送ってきます。

・若いカップルがトラックに一緒に乗せてアウトドアに出かける映像
・おばあさんと静かな家の中でまったりとソファに座って過ごしている映像
・数人の子供と一緒にはしゃいでいる映像
・正義感が強そうな、凛々しい女性をじっと見守る映像
・複数の犬たちと一緒に庭で遊んでいる映像

早い子は、私と話している最中に、新しい家族が決まってシェルターを去っていきます。
数か月シェルターに留まっていた子ですら、私との会話から3日以内に「新しい家族が見つかった！」と連絡が入ります。

私のアニマルコミュニケーションで、動物たちに次々と新しい家族が決まっていく。
いったい何が起こっているのでしょうか？
じつは、**「引き寄せの法則」**が作動しているのです。

ワンちゃんたちから理想の家族を聞き出し、どんな生き方をしたいか聞き出し、思考や映像や感情を引き出してあげることで、理想の現実を引き寄せていただけなのです。

動物には、人間のように「引き寄せ」を邪魔するマインドブロックがありませんから、望んだ状況を確実に引き寄せられるのです。

動物は自分の今世での使命を知っている

「えっ、動物に使命があるの!?」と驚かれるかもしれませんが、動物たちは、今世に生まれてきた使命をしっかり自覚しています。例えば、

・家族を守るために生まれてきた子
・今世で愛に満たされる経験をするために生まれてきた子
・相思相愛の飼い主と一緒に第三者へ幸せを届けるために生まれてきた子
・日常生活で疲れ果てている飼い主さんを笑顔にするために生まれてきた子
・病気の飼い主さんを肉体的、精神的にサポートするために生まれてきた子

しかも多くの場合、彼らは「飼い主の今世での使命」も理解しています。

動物たちは、飼い主の使命をサポートするために傍にいてくれるのです。

ですから動物たちは、あの手、この手を使って、飼い主にメッセージを伝えようとします。

飼い主が間違った方向に進んでいる時は、それを引き留めるために、問題行動を起こしたり、体調を崩したり、家出をしてアピールするのです。

たとえ正しい方向に進んでいても、どうしても乗り越えざるをえない壁に突き当たった時は、

動物たちは、そっと傍に寄り添って慰めてくれます。

それらの経験を通して、動物たちも自分の使命を果たそうと努力します。

もし、あなたが人生に迷っていたら、

「私は何をするために生まれてきたのか?」

を動物に聞いてみることをお勧めします。

きっと、あなたの使命を喜んで教えてくれるでしょう。

動物は自分の過去世も覚えている

動物は自分のすべての過去世の記憶を持っています。

今の飼い主さんの魂と一緒に生きた過去世や、飼い主さんの魂とは別に生きた過去世もあります。

「今の飼い主さんと繋がっている過去世を見せてくれる?」とお願いすると、一瞬で時代を遡り、当時の、過ごした場所、飼い主、動物の姿などの映像が見えてきます。

例えば、過去世で飼い主と悲しい別れを経験した動物は、今世で、「分離不安症（飼い主から離れることへの不安から、問題行動を起こす）」を抱える傾向があります。

飼い主さんを守れなかった過去世での悔悟の念があふれ出し、**「自分から離れたらダ**

メ！」という強い想いが問題行動として現れるのです。

こういう場合は、過去世への誤解を解いてあげなければなりません。

「過去世で飼い主さんが亡くなったのは、あなたのせいじゃないよ。あなたが傍にいたとしても助からなかったんだよ」

と教えてあげることで、動物は辛い思いから解放され、今世での行動に変化が現れることがあります。

動物の過去世を癒やすことで、今世の問題が解決することもあるのです。

今世の使命を選んだ理由を探る時も「過去世」を見せてもらいます。

動物は自分で使命を選び、それを達成する生き方を計画して生まれてきますから。

あるワンちゃんのお話です。

「なぜ私のところにきてくれたの？（今世の使命は何？）」

という飼い主からの問いかけをワンちゃんに伝えると、突然、中世のヨーロッパのような風景に移動しました。

そこに、物陰から美しい女性を見つめる一人の青年が見えました。

でも、二人は「身分」が異なり、青年は貴族で、女性は庶民のようです。

青年は女性のことをたまらなく好きなのに、周囲の意見や世間体が気になって、告白もできないまま諦めてしまいます。

その男性が現在のワンちゃんで、女性は飼い主です。

姿形も性別も種別もまったく違うのですが、テレパシーの力で、それぞれが誰なのかわかってしまうのです。

過去世では人間だったのが、なぜ今世ではイヌとして飼い主さんの傍にいるのか？

青年は、前世での悔悟から、今世では女性にありったけの愛を注ぐために「イヌ」の姿で生まれてきたのです。

青年は、過去世での後悔を今世で果たすことができているのでした。

過去世で果たせなかった想いや使命を今世で全うすることで、来世では次のステップに上がれるのです。

第5章
動物と話すと人生が好転する

ペットがあなたにいちばん望んでいること

ペットたちが飼い主さんに望んでいることは共通しています。それは、**「飼い主さんに幸せに生きてほしい！」**

その想いを何とか伝えるための行為が、「問題行動」や「家出」となって表れるのです。

例えば、家中におしっこをして飼い主さんを困らせているネコちゃんがいました。

でもその行動は、じつは、人間関係で悩んでいた飼い主さんを心配して、**「大丈夫だよ！この中は安全だからね！」**と各所でおしっこをして、飼い主さんのために縄張りを作ってあげていたのです。

飼い主さんが、その悩ましい人間関係に決着をつけると、ネコちゃんのおしっこ問題はピタリとおさまりました。

また、すべてを完璧にこなそうと忙しくしている飼い主さんを心配し、**「完璧でなくてもいいんだよ」「完璧じゃないほうがうまくいくよ」**といったことを伝えるために家出をしたワンちゃんもいました。

家出をすれば、飼い主さんは今のめり込んでいることからいったん離れ、自分のほうへ注意を向けるようになりますから。

飼い主さんにメッセージを伝えるためなら、動物はあらゆる手段を使うのです。

飼い主さんが幸せになれば、動物も幸せに生きられます。

自分のペットとコミュニケーションができるようになると、動物が、あなたの一番の**聞き役**となり、一番の**理解者**となり、一番の**アドバイザー**となってくれるでしょう。

どの友人よりも、どのカウンセラーよりも、頼もしい存在になります。

なぜ動物と話すと人生が好転し始めるのか？

アニマルコミュニケーションを学び始めると、ほとんどの人が1〜3か月で人生の好転が始まります。

中には、まったくの別人と言っていいくらい変わってしまう人もいます。

・転職（結婚）が決まった
・他人から何を言われても気にならなくなった
・いつもイライラしていた感情が穏やかになって楽になった
・物欲がなくなり、お金が溜まるようになった
・家を購入できた
・アルコール依存症から立ち直れた……

いろいろなことが、とんとん拍子で進み始めます。

動物と話すことで、**自分が変わり、自分の周りもあっという間に変化します。**

どんな自己啓発本を読んでも、人生好転なんてしなかったのに、どんどんあなたの人生が変化していくのです。それは、なぜでしょう?

あなたの波動が上がるから

人間よりも高い波動を持っている動物と繋がることで、あなたの波動も高い状態を保てるようになります。

波動が高まることで、次のようなことが起こり始めます。

・必要なもの、人、チャンスが必要な時に目の前に現れるようになった
・自分の決断に従って行動することで、すべてが上手くいくようになった
・その結果、自分を信じることができ、自分に自信を持てるようになった
・テレパシーで相手のことがわかるようになり、会話がスムーズになった
・そりが合わない人、もの、事象が自分の周りからなくなった。

これらは実際に、私や生徒さんたちに起こっている現象です。

常に「ワクワク」「ウキウキ」を感じているため、すべてが上手くいくようなポジティブなエネルギーに包まれているのです。

「徳を積む」ことになるから

動物と会話することで飼い主さんが幸せになり、動物も幸せに満たされる——。

これをぜひ、あなたのペットで実践し、自分自身で幸せを体感してください。

それができたら、今度は周りの人とそのペットたちに幸せを感じてもらいましょう。

あなたが第三者へ与えた幸せは、必ずあなたに戻ってきます。


それを証明する出来事がありました。

カルフォルニアの有名なサイキックの方とお目にかかった際、私を見るなり、「あなたの後ろに何百と言う人間と動物がサポートしているのが見えます。あなたは何をしている人なの？」と聞かれました。

私が自己紹介すると、その方は深く納得され、「あなたが幸せの手助けをしてきた人間と動物たちの想いが、今度はあなたをサポートしようとしてくれています」と教えてくれました。

これが、日本で言うところの「徳を積む」行為なのだと気づきました。

「エゴ（私欲）」がなくなるから

何かと自分のエゴ（私欲）を優先しがちな人間に比べ、動物は「飼い主さんへの真っすぐな愛」しか持っていません。

動物と話すことでその「真っすぐな愛」のエネルギーを浴び続ければ、私たちの中にあるエゴ（私欲）が浄化されていきます。

そうすると、今まで自分にしか向いていなかった意識やエネルギーが第三者へ注ぎ込まれ、やがてそれが何倍にもなってあなたに還ってきます。

他人に愛や意識を注ぐことで、自分が満たされていくのです。

動物たちが教えてくれる「幸せに生きるコツ」

動物たちは、「幸せに生きるコツ」を知っています。

私たちの多くは人生をかけて「幸せに生きる」ことを探し求めますが、動物たちは、すでに知っているのです。

私は、動物たちと繋がるたびにその「コツ」を全身で体感しています。

おかげで今、私も幸せいっぱいに生きています。

あなたも「幸せに生きるコツ」を動物たちから学んでみませんか？

本で読んだり耳から入る情報は、なかなか浸透しにくいものです。

でも、「体感」として身体全体で感じたことは忘れることがありません。

そして、体得した「幸せに生きるコツ」は他人にも与えることができます。

動物が教えてくれた「幸せに生きるコツ」をご紹介します。

「無償の愛」を与える

「無償の愛」とは「無条件の愛」です。

誰に対しても、何物に対しても、惜しみなく与える愛。

これは、たとえ家族や友人であっても、なかなか難しいでしょう。

つい、損得を計算したり、なんらかの見返りを期待してしまいがち。

受け取るほうも、「何かウラがあるかも」と素直に受け取れないかもしれません。


でも、あなたのペットは無条件にあなたを愛してくれます。

どんなに貧乏でも、弱音ばかり吐いている気弱な性格でも、外見にコンプレックスを持っていても、時間にルーズであっても、友達がひとりもいなくても……動物には関係ありません。

動物は「そのままのあなた」を見ています。

そして、そのままのあなたへ愛を注ぎ込みます。

「いい」「悪い」のジャッジなんかしません。これが「無償の愛」です。

これは、言葉では理解できても、実感は持てないかもしれません。

実感できないから、周りの人にも与えることができないのです。

ところが、動物と繋がると「無償の愛」を全身で感じることができます。

どれほど大きく、深く、涙が出るほど美しいものかを、体感できるのです。

そして、体感した「無償の愛」は、あなたから第三者へ広がっていきます。

「慈悲の心」で接する

「慈悲の心」とは「無条件に許す（受け入れる）心」です。

動物は、どんなに自分勝手な飼い主でも、飼い主から意味なく怒鳴られても、飼い主を見捨てることは決してありません。

いつでも傍に寄り添い、すべてを受け入れ、許してくれます。

だからこそ、私たちは動物に癒やされるのでしょう。

一方、「慈悲の心」を相手に示すのが苦手な私たちは、同じような感覚を人間同士で感じられるでしょうか？

私は以前、「怒り」に満ちた人間でした。

他人にも自分にも厳しく、許すことが苦手で、批判精神が旺盛で、いつも苛立っていました。

「許す」「受け入れる」を理解するために、何冊も本を読みましたが、頭で理解しただけでは実感は湧かず、変わることはできませんでした。

その私が今は、ほとんど怒りを見せることはありません（意見は言いますが）。

それは、動物たちが「慈悲の心」を私に体感させてくれたからです。

どんなにそりが合わない相手でも「この人はこういう人なんだ」とまずは受け入れ、「この人は私とは違う考えをもっているんだ」と認識します。

すると「この人に自分の意見に賛同させよう！」という「執着心」がなくなります。

執着心がなくなると、その人を受け入れる体制が整うのです。

「現在（いま）を生きる」ことを学ぶ

動物たちはつねに「現在（いま）を生きて」います。

飼い主さんが傍にいてくれることに全身で喜びを表し、ご飯の時は、その美味しさに喜び、日向ぼっこをしている時は、日差しの暖かさを全身で受け止めます。

それに対し、私たち人間はどうでしょう？

「過去」の栄光や後悔を抱き続けたり、「未来」への期待や不安に右往左往したりしていませんか？

目の前にある「現在」を見ずに、です。

多くの動物たちが私に訴えます。

「飼い主さんがここにいないから、寂しい」

外出が多い日中はまだしも、朝や夜は在宅して一緒にいるはずなのに。

This is why dogs are happier

これは、飼い主さんの意識が「心ここにあらず」だという意味です。

夜、ゆっくりソファでくつろいでいても、今日できなかったことを反芻したり、明日のデートのことを考えたり、意識が別のところへ飛んでいるのです。


では、「現在（いま）を生きる」には、どうすればいいのでしょうか？

コツは、
・目の前の現実をまず受け止めること
・問題があれば解決方法を見つけること

例えば病気を発症した時、ほとんどの方は、

「健康には十分気をつけていたのに！」

「まだ死ぬのはイヤだ！」

と過去や未来に思考を巡らせるでしょう。

でも、「私は現在、病気なんだ」という現実を受け入れると、

「じゃあ、どんな治療法があるだろう？」

と問題解決の視点を持つことができます。
これが「現在（いま）を生きる」ことです。

「現在（いま）」を一生懸命生きることで、未来が変わります。
「現在（いま）」に意識を注ぐことで、過去が活かされます。
「現在（いま）」を楽しむことで、現在に幸せを見出せます。

「現在（いま）」を一生懸命に生きましょう！
幸せは、常にあなたの目の前にあります。

人生が好転すると起こる大きな「変化」

「無償の愛」を与え、「慈悲の心」で接し、「現在（いま）を生きる」ようになると、あなたの波動が上がり、「人生の好転」が始まります。

あなたに起こるであろう大きな「変化」をご紹介しましょう。

自分を受け入れ、心からハッピーに生きられるようになる

動物たちと同じくらいまで波動を上げると、あなたに必要なものはすべて自然に流れ込んできます。

しかも、「無償の愛」「慈悲の心」を体感してしまったあなたは、すべてを受け入れ、現実を見る術を動物から教わっています。

それらが揃っているあなたは、幸せしか感じられない体質ができ上がっています。

動物とストレスフリーに暮らせるようになる

自分で動物と話せるようになった今、何か疑問があったら直接動物に聞くことができます。

その疑問が解ければ、打つべき対策はすぐ見つかります。

人と動物がお互いを理解しあい、不安も疑いもない暮らしは、ストレスフリーの癒やしそのものです。

周りの人をハッピーにする

あなたがハッピーになれば、あなたの周りの人たちもハッピーになります。

ハッピーな波動は「伝染」するからです。

ただ、注意したいのが、基本的に波動は「伝染」するものだということ。

つまり、ハッピーだけでなく不機嫌な波動も伝染してしまうので、**不機嫌になりそうなことには極力近づかず、自分がハッピーになれることを優先してください。**

それは、あなたのペットが心から望んでいることでもあるんです。

必要なモノ、人、チャンスを引き寄せるようになる

あなたにとって「現在（いま）必要なことやモノ」を引き寄せられるようになります。

これも動物たちの得意技です。

一生懸命、情報を集めなくても、ネットワークを広げようと異業種交流会やパーティに無理に参加しなくても、

何が自分に合った将来の道なのか試行錯誤しなくても……必要なことのすべてが、あなたの前に用意されます。

その不思議な事実を、動物が教えてくれます。

アニマルコミュニケーションは世の中をよくする一つの「道具」

台風や地震、森林破壊、砂漠化、地球温暖化、海洋プラスティック問題……、さらには、戦争やデモで互いに傷つけあったり、家庭や学校で虐待したりされたり、日々、地球全体が病んでいるニュースで溢れています。

「世界平和」なんて、夢のまた夢。

それどころか、理想と現実はどんどん離れていく気さえします。

なぜ、こんな世界になってしまったのでしょうか？　私が思うには、

「一人ひとりが愛や自己肯定感に満たされていないから」

この世界を壊しているのは、私たちです。

満たされていない人たちが、自分たちの欲望を満たすために、次々と新しい商品やサー

ビスを作り出します。

その儲けによって、お金で満たそうする人もたくさんいます。

でも、そんなことで愛や自己肯定感に満たされている人はほとんどいません。

自分を満たすことができるのは、モノでも、お金でも、他人からの評価でもありません。


私がアニマルコミュニケーションに取り組み始めたころ、アニマルコミュニケーションは動物を幸せにするためのスキルだと思っていました。

でも、1年ほど経った頃、これは、**「人間を幸せにするためのスキルである」**ことに気づいたのです。

その理由は大きく分けて二つあります。

1.動物は、飼い主さんに幸せに生きてほしくて、一生懸命、飼い主さんへのメッセージを伝えようとするから。
2.動物は、「幸せに生きるために必要な感覚」を、私たち人間に惜しみなく体感させようとしてくれるから。

そして、飼い主さん自身が「動物に繋がり、ペットと直接コミュニケーションする」ほうが、私が通訳するよりも、何百倍も飼い主さんの心に響き、飼い主さんが変化の行動を起こす確率が高いことを目の当たりにしました。


ある一人暮らしの女性と暮らすワンちゃんと話したことがあります。

そのワンちゃんは、小さな身体で女性を一生懸命守ろうとしていました。

まるで、お姫様を守る騎士のような意気込みです。

でも、ワンちゃんの偉大な「意思」を女性は「実感」できていませんでした。

そこで、彼女にワークショップを受講してもらいました。

ワークショップの最後には、自分のペットと繋がって話をしてもらいますが、その女性は繋がってしばらくすると泣き崩れてしまいました。

「こんなにも私のことを想ってくれていたなんて……」と感動の涙でした。

その時、私は確信しました。

「アニマルコミュニケーションを世の中に広めていかなければ！」と。

世の中をハッピーにするために　あなたにできること

あなたは、考えたことがありますか？

「世の中をハッピーにするために自分に何ができるか？」を。

私だって、そんな大それたことは考えたこともありませんし、動物と話す前までは、自分にできることなど何もないと思っていました。

でも、動物たちの「無償の愛」「慈悲の心」「現在（いま）を生きる」姿勢が、私にもできること、世の中を平和にするのはそれほど大変ではないことを教えてくれたのです。

それは、

「あなたがあなた自身で在ること」

自分の気持ちや直感に従って生きることであり、自分がハッピーであることを優先する生き方です。

あなたが、心の底から幸せを感じると、あなたの周り（家族、友人、動物たち）もハッピーになります。

さらには、家族のご近所さん、友人の家族、そのまた友人たちまでもが、ハッピーになるという**「幸せの連鎖」**が起こるのです。

この連鎖が広がっていけば、世の中はもっとよくなるはずです。

理屈はありませんが、この方法は短期間で深く広がっていきます。

頭で理解するのではなく、「体感」で伝わるからです。

そのためにも、ペットと暮らしているあなたには、ぜひ、アニマルコミュニケーションのスキルを身につけてほしいと思います。

動物たちは、惜しみなく、あなたに「幸せに生きるコツ」を教えてくれます。

幸せな人間が増えれば、この世の中はよくなっていきます。

私も、アニマルコミュニケーションで、この世の中をもっとハッピーにしていきたいと、強く思うのです。

おわりに

あなたの今生を、幸せに生きるために

今世において、あなたがやることは決まっています。

すべての魂は、肉体を持って生まれてくる前に、「今世で達成すべきこと」を決めて、そのための細かい計画を立てています。

ですから、私たちはその計画を「体験する」だけでいいのです。

そんな人生、面白くないと思いますか？

私たちは、自分の幸せよりも、条件や世間体など、他人から良く評価される方向へ進みがちです。それで心から幸せであるなら、問題はありません。

でも、成功しているはずなのに「キツイ」「辛い」なら進むべき道を間違っているのかもしれません。

川の流れを想像してみてください。

川は上流から下流へ流れていきます。

その流れに乗れば、楽に最終到着地へたどり着けます。

ところが、流れに逆らって進んだとしたらどうでしょう？

それには相当な時間と労力が必要です。

時には、元居た場所に戻されてしまうかもしれません。

そもそも、向かう方向が逆なので、本来辿りつくべき場所から遠ざかってしまいます。

じつはこれが「無駄な努力」なのです。

今あなたが行っている「努力」が辛いものならば、残念ながらそれは進む方向が間違っている証拠です。

確かに努力すれば、ある程度の成果や評価は得られるかもしれませんが、あなたはきっと心から「幸せ」を感じていないと思います。


心の底から「幸せ」を感じるためには、川の流れに乗る必要があります。

なのに、多くの人は「他人の評価」に囚われていて、流れに乗ることをなかなか許せません。

かつて、私自身もそうでした。

子供の頃からキャリア志向で、周りから「すごいね！」と言われるようなことを、大変な努力をして達成してきました。

でも、達成したからといって、少しも「幸せ」を実感できませんでした。

そして、頑張り続けた結果、健康を損なってしまったのです。


しかし、アニマルコミュニケーションに出会い、動物たちと繋がることによって、自分がどんどんシンプルになっていき、自分が進むべき方向、流れがわかるようになったのです。

それがわかるようになると、目の間に現れるチャンスや人脈を逃すことがなくなりました。

すべてのことが、スムーズに進むようになったのです。

もちろん、それでもなお努力することは必要です。

でも、その努力は辛さを伴いません。

たどり着くべき場所があることがわかっているので、ワクワク感を感じるほどです。


アニマルコミュニケーションは、動物と話すだけではありません。

動物と関わっている、動物と人生を共にしているあなたを、人生の流れに載せるための「ツール」だと思ってください。

あなたのペット（伴侶動物）は、人生のよき理解者であり、相談役であり、時には叱咤激励してくれる、あなたの魂のパートナーなのです。

その子（動物）たちのメッセージを聞かないなんて、なんてもったいないことでしょう！


動物と暮らす飼い主さん全員に、アニマルコミュニケーションを学んでほしいと心から願います。

そして、今世での魂の流れにスムーズに乗っかってください。

それがこの世の中を良くするために、あなたができる最高のことであり、あなたの伴侶動物が心から望んでいることです。

Shiori
しおり

ハワイ在住アニマルコミュニケーター
臼井レイキ＆カルナレイキマスター／ティーチャー

1972年7月生まれ。
日本の大学を卒業後、米国で航空機のパイロットを目指すも挫折。
帰国後、経済的にも精神的にも自立した“キャリアウーマン”を目指して
大手通信会社に16年間、営業職として従事するが、
「思っていた姿と違う」ことからすべてを手放してハワイへ移住。
1年後、FaceBook広告でアニマルコミュニケーションと出合う。
初めて参加した初級ワークショップでは動物から何の情報も得られない
劣等生スタートだったが、8か月後には米国で
自身のスクールを起ち上げるほどに急速に技術を習得。
と同時に、「動物のエネルギーと同調すればするほど自分の波動が上がって」
予想もしなかったチャンスが次々と舞い込むようになる。
このことから、アニマルコミュニケーションを
単に動物と繋がる技術のみならず、
「人生の好転を引き起こす」手段としても紹介している。
現在、動物と暮らすすべての人に
「誰でもアニマルコミュニケーションはできる！」ことを伝えるため、
ハワイはもちろん日本国内でも精力的にワークショップを開催中。
これまでに延べ233人の生徒を育成してきたが、ワークショップに参加する
生徒のほぼ全員が3か月以内に「人生の好転」を実感している。
夢は、アニマルコミュニケーションを使って、
世界中の人と動物を幸せにすることである。

Shiori公式ホームページ
https://www.achawaii.net/
ブログ
https://ameblo.jp/animalhawaii

新刊読者特典

動物と話せるようになる
5 ステップ・解説動画

https://form.os7.biz/f/b0651537/?fbclid=IwAR1wYeL5aRo6eE1gCd5hc7PLVXjqxheDP9DZtDDvsgJlmDCUUhBIvtmW_DY

いぬと話《はな》す ねこと話《はな》す

生きものの気持ちがわかる本

二〇一九年（令和元年）十二月十七日　初版第一刷発行
二〇二五年（令和七年）七月十二日　初版第三刷発行

著　者　Shiori
発行者　竹内 尚志
発行所　株式会社自由国民社
東京都豊島区高田三—一〇—一一　〒一七一—〇〇三三
電話〇三—六二三三—〇七八一（代表）
造　本　ＪＫ
印刷所　大日本印刷株式会社
製本所　新風製本株式会社

Special Thanks to:
企画協力　ブックオリティ